# J. MARIE

PROFESSEUR D'ÉCRITURE SAINTE ET D'HÉBREU
AU GRAND SÉMINAIRE DE BAYEUX

# PETIT
# LEXIQUE HÉBREU-FRANÇAIS

COMPRENANT

## LES MOTS HÉBREUX LES PLUS USUELS

1° GROUPÉS D'APRÈS LE SENS
2° DISPOSÉS PAR ORDRE ALPHABÉTIQUE

AVEC INDICATION DES PRINCIPES DE FLEXION

D'APRÈS LA

## GRAMMAIRE HÉBRAÏQUE ABRÉGÉE

DE

## J. TOUZARD

PARIS

LIBRAIRIE VICTOR LECOFFRE

J. GABALDA & Cⁱᵉ

RUE BONAPARTE, 90

# PETIT
# LEXIQUE HÉBREU - FRANÇAIS

Typographie Firmin-Didot et C<sup>ie</sup>. — Mesnil (Eure).

**J. MARIE**

PROFESSEUR D'ÉCRITURE SAINTE ET D'HÉBREU
AU GRAND SÉMINAIRE DE BAYEUX

# PETIT

# LEXIQUE HÉBREU-FRANÇAIS

COMPRENANT

## LES MOTS HÉBREUX LES PLUS USUELS

1° GROUPÉS D'APRÈS LE SENS

2° DISPOSÉS PAR ORDRE ALPHABÉTIQUE

AVEC INDICATION DES PRINCIPES DE FLEXION

D'APRÈS LA

## GRAMMAIRE HÉBRAÏQUE ABRÉGÉE

DE

## J. TOUZARD

**PARIS**

LIBRAIRIE VICTOR LECOFFRE

J. GABALDA & Cⁱᵉ

RUE BONAPARTE, 90

1912

# PRÉFACE

Les étudiants français qui connaissent les excellents manuels de MM. Bréal et Bailly *Les mots grecs* et *Les mots latins* ou celui de MM. Bossert et Beck *Les mots allemands* ont souvent exprimé le désir de trouver un recueil de ce genre pour l'étude de la langue hébraïque. Le but du *Petit Lexique Hébreu-Français* est de répondre à ce désir en synthétisant les efforts de professeurs qui, à plusieurs reprises, ont tenté de procurer à leurs élèves les avantages de ces sortes de vocabulaires.

Dans une I<sup>re</sup> Partie, environ 800 mots hébreux des plus usuels ont été groupés d'après le sens. Chacun d'eux a été pourvu d'un numéro d'ordre.

Pour chaque terme, la signification la plus habituelle est seule donnée. Quand un vocable hébreu est susceptible de sens différents, également fréquents dans la Bible, il est répété en plusieurs sections du *Petit Lexique* avec les traductions particulières qu'il comporte. C'est ainsi, par exemple, que נֶסֶךְ se trouvera dans la section **Sacrifices** avec le sens de *il répandit une libation*, et dans la section **Pierres, métaux**, avec la signification de *il fit fondre un métal*.

Lorsqu'une même idée se trouve exprimée par un verbe et un substantif, l'un des deux seulement a été mentionné dans le recueil. Il y a exception, cependant, dans le cas d'un usage très fréquent et du nom et du verbe, alors les deux sont indiqués, ainsi זֶבַח *sacrifice* (sanglant) et זָבַח *il sacrifia.*

Il a paru opportun de placer dans le *Petit Lexique* quelques termes qui, tout en étant assez souvent employés, n'appartiennent pourtant pas au nombre des mots les plus fréquemment rencontrés dans la Bible, parce que, à tenir compte de leur caractère, tout porte à croire qu'ils furent d'un usage courant dans le milieu biblique. Il en a été ainsi, notamment, pour certains termes relatifs aux choses cultuelles ou pour des expressions plus particulièrement usitées dans les discours et les oracles des prophètes.

Les particules, les prépositions et les noms de nombre n'ont pas été mentionnés dans le *Petit Lexique* parce qu'on en trouve la liste dans toute Grammaire hébraïque.

L'indication de la racine n'a paru nécessaire, d'une façon générale, que pour les substantifs, les adjectifs et les formes verbales dérivées provenant de racines פ״נ, פ״י, עצע, ע״ד, ע״י et ל״ה.

Dans une II⁰ PARTIE dont l'objet est de rappeler les règles grammaticales qui conviennent aux termes mentionnés dans la Iʳᵉ Partie, les mots sont disposés suivant l'ordre alphabétique. Chacun d'eux est, à nouveau, accompagné de sa traduction et pourvu de son numéro d'ordre correspondant, écrit en caractères italiques.

Les chiffres qui suivent indiquent les Nᵒˢ de la *Grammaire hébraïque abrégée* de M. J. TOUZARD (3ᵉ édition, 1911), auxquels il convient de se reporter pour connaître les principes de flexion ou de conjugaison de chacun des termes mentionnés dans le *Petit Lexique.*

Les règles concernant les particularités des diverses conjugaisons sont données en suivant l'ordre des lettres du radical (1).

Les verbes qui ne sont mentionnés dans la Iʳᵉ Partie qu'à l'une de leurs formes dérivées (sauf quand il s'agit du pi'ēl) ont leur

_________

(1) Le Nᵒ 205 qui concerne les lettres muettes est toujours mentionné en dernier lieu, quelle que soit la place de la lettre muette dans le radical, les règles qu'il renferme ne visant que la prononciation.

forme Qal rappelée dans la liste alphabétique, avec renvoi à la forme dérivée pour la traduction et l'indication des règles grammaticales, par exemple : כּוּן cf. הֵכִין

Tel qu'il est composé, le *Petit Lexique Hébreu-Français* ne saurait donc remplacer aucun dictionnaire ou lexique complet, il est uniquement destiné à faciliter aux débutants un contact plus aisé avec la littérature biblique. Il leur permettra, en effet, d'acquérir d'une façon assez rapide la connaissance de mots qu'ils rencontreront fréquemment dans chaque page de la Bible.

L'auteur acceptera avec reconnaissance les remarques qu'on voudra bien lui faire et il s'appliquera à les mettre à profit dans une édition suivante.

J. M.

Bayeux, 30 septembre 1911.

---

## Abréviations.

act. = actif

cf. = *confer*

étym. = étymologiquement

f. = forme

Hi. = Hip^h'il

Hit^h. = Hit^hpa'lēl

inus. = inusité

m. à m. = mot à mot

Ni. = Nip^h'al

part. = participe

pass. = passif.

Pi. = Pi'ēl

r. = racine.

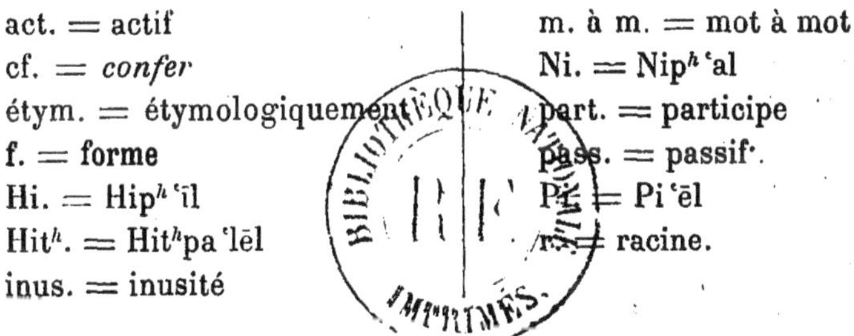

# PETIT LEXIQUE
# HÉBREU - FRANÇAIS

---

## PREMIÈRE PARTIE

### LES MOTS HÉBREUX LES PLUS USUELS

GROUPÉS D'APRÈS LE SENS.

---

## I. — RELIGION

### 1° Dieu.

1 אֵל *Dieu.*

2 אֱלוֹהַ *id.*

3 אֱלֹהִים *id.*

4 יהוה *Yahweh.*

5 יהוה צְבָאוֹת *Yahweh des armées.*

6 אֲדֹנָי *Seigneur.*

7 עֶלְיוֹן *Très-Haut.*

8 שַׁדַּי (r. שדד) *Tout-Puissant.*

### 2° Êtres supérieurs.

9 בְּנֵי אֱלֹהִים *fils de Dieu, anges.*

10 מַלְאָךְ *ange.*

11 שָׂטָן *Satan* (étym. : *adversaire*).

### 3° **Faux dieux.**

12 אֱלֹהִים *dieux.*

13 בַּעַל *Baal.*

14 מֹלֶךְ *Moloch.*

15 אֱלִיל *idole* (étym. : *chose sans valeur*).

16 הֶבֶל *idole* (étym. : *chose vaine*).

17 גִּלּוּלִים *idoles* (étym. : *objets de dégoût*).

18 שִׁקּוּצִים *idoles* (étym. : *abominations*).

19 עֲשְׁתֹּרֶת *Astarté.*

### 4° **Lieu de culte et mobilier sacré.**

#### a) TABERNACLE ET TEMPLE.

20 מִקְדָּשׁ *Sanctuaire.*

21 מִשְׁכָּן *tente, tabernacle.*

22 אֹהֶל *id.*

23 עַמּוּד *colonne, pilier.*

24 אֶדֶן *socle, base de colonne.*

25 קֶרֶשׁ *planche.*

26 יְרִיעָה (r. ירע) *rideau, tenture.*

27 תְּכֵלֶת *pourpre violette.*

28 אַרְגָּמָן *pourpre écarlate.*

29 תּוֹלַעַת *cramoisi.*

30 שֵׁשׁ *lin très fin.*

31 הֵיכָל *temple.*

32 אוּלָם (r. אול) *portique, vestibule.*

33 חָצֵר *parvis.*

34 מִזְבֵּחַ *autel.*

35 הַקֹּדֶשׁ *le Saint, le sanctuaire.*

36 שֻׁלְחָן *table.*

37 לֶחֶם הַפָּנִים *pain de proposition.*

38 נֵר (r. נור) *lampe.*

39 מְנוֹרָה (r. נור) *chandelier.*

40 פָּרֹכֶת *voile.*

41 קֹדֶשׁ הַקֳּדָשִׁים *le Saint des Saints.*

42 אָרוֹן *arche.*

43 כַּפֹּרֶת *propitiatoire.*

44 טַבַּעַת *anneau.*

45 בַּדִּים (r. בדד) *barres* (pour porter l'arche).

46 כְּרוּבִים *chérubins.*

## *b*) Autres sanctuaires.

47 בָּמָה *haut lieu.*

48 מַצֵּבָה (r. נצב) *pilier sacré.*

49 אֲשֵׁרָה *poteau sacré.*

50 מַסֵּכָה (r. נסך) *statue en métal.*

51 פֶּסֶל *image sculptée.*

52 תְּרָפִים *teraphim* (statues).

## 5° Ministres du culte et service du sanctuaire.

### *a*) Les personnes.

53 כֹּהֵן *prêtre.*

54 הַכֹּהֵן הַגָּדוֹל *le Grand Prêtre.*

55 לֵוִי *lévite.*

56 שֹׁעֲרִים *portiers.*

57 מְשֹׁרְרִים (r. שיר) *chantres.*

58 נְתִינִים (r. נתן) *Nathinéens.*

59 מְשָׁרְתִים *ministres* (du sanctuaire).

60 שֵׁרֵת (Pi., Qal inus.) *il servit* (culte).

### *b*) Les vêtements sacerdotaux.

61 אֵפוֹד *éphod.*

62 רִמּוֹן (r. רמה) *grenade* (ornement).

63 חֹשֶׁן *pectoral.*

64 מִצְנֶפֶת *tiare.*

65 מְעִיל *robe, vêtement, manteau.*

66 כְּתֹנֶת *tunique.*

## 6° Sacrifices.

67 זֶבַח *sacrifice* (sanglant).

68 עוֹלָה (r. עלה) *holocauste.*

69 שֶׁלֶם *sacrifice pacifique.*

70 חַטָּאת *sacrifice pour le péché.*

71 אָשָׁם *sacrifice pour le délit.*

72 חֵלֶב *graisse* (dans les sacrifices).

73 אִשֶּׁה (r. אש) *sacrifice consumé par le feu.*

74 תְּנוּפָה (r. נוף), *balancement* (de certaines offrandes).

75 מִנְחָה *sacrifice, oblation.*

76 סֹלֶת *fleur de farine.*

77 מַצָּה (r. מצץ) *pain sans levain.*

78 בְּלוּלָה (Qal part. pass.) *pétrie* (galette sacrée).

79   נֶסֶךְ   *libation.*

80   מִזְרָק   *coupe, bassin* (service cultuel).

81   קְטֹרֶת   *encens.*

82   רֵיחַ נִיחֹחַ   *d'agréable odeur* (sacrifice).

83   קָרְבָּן   *oblation, offrande.*

84   תְּרוּמָה   (r. רום) *contribution, offrande.*

85   תּוֹדָה   (r. ידה) *sacrifice d'action de grâces.*

86   זָבַח   *il sacrifia.*

87   שָׁחַט   *il égorgea, immola.*

88   הֵנִיף   (Hi., r. נוף) *il agita, balança* (certaines offrandes).

89   נָסַךְ   *il répandit une libation.*

90   הִקְטִיר   *il fit brûler* (surtout l'encens).

## 7º Rites et aptitudes cultuelles.

91   בְּרָכָה   *bénédiction.*

92   שְׁבוּעָה   *serment.*

93   נֵזֶר   *consécration.*

94   קֹדֶשׁ   *sainteté.*

95   נֶדֶר   *vœu.*

96   צוֹם   *jeûne.*

97   טָהוֹר   *pur.*

98   קָדוֹשׁ   *saint.*

99   טָמֵא   *impur.*

100   חָלָל   *profane.*

101   עָרֵל   *incirconcis.*

102   מוּל   *circoncire.*

103   טָהֵר   *il fut pur.*

104   קָדַשׁ   *il fut saint* (étym. : il fut séparé [dans un but religieux]).

105   בֵּרֵךְ   (Pi.) *il bénit.*

106   נִשְׁבַּע   *il jura.*

107   נָדַר   *il fit un vœu.*

108   חִלֵּל   *il profana.*

109   טָמֵא   *il fut ou devint impur.*

110   כִּפֶּר   *il effaça, purifia.*

111   כִּבֵּס   *il lava, purifia.*

112   מָשַׁח   *il oignit.*

## 8º Prière et chants.

113   תְּפִלָּה   (r. פלל) *prière, intercession.*

114   תְּהִלָּה   (r. הלל) *louange, hymne.*

115 שִׁיר *cantique, chant.*

116 מִזְמוֹר *psaume.*

117 הִשְׁתַּחֲוָה (Hit<sup>h</sup>., r. שחה) *il adora.*

118 הִתְפַּלֵּל (Qal inus.) *il intercéda, supplia.*

119 הִלֵּל *il célébra, loua.*

120 הוֹדָה (Hi., r. ידה) *il loua, remercia.*

121 שִׁיר *chanter.*

## 9° Fêtes et jours saints.

122 חַג (r. חגג) *fête.*

123 מוֹעֵד (r. יעד) *fête, solennité.*

124 שַׁבָּת *sabbat.*

125 חֹדֶשׁ *néoménie.*

126 פֶּסַח *Pâque.*

127 חַג שָׁבֻעֹת *fête des Semaines.*

128 יוֹם הַכִּפֻּרִים *jour de l'Expiation.*

129 חַג הַסֻּכּוֹת *fête des Tabernacles.*

## 10° Prophète.

130 נָבִיא *prophète.*

131 חֹזֶה *voyant.*

132 רֹאֶה *id.*

133 חָזוֹן *vision (prophétique).*

134 חֲלוֹם *songe.*

135 נְאֻם *oracle.*

136 מַשָּׂא (r. נשא) *oracle prophétique.*

137 חָזָה *il vit (vision prophétique).*

# II. — LE MONDE PHYSIQUE

## 1° Cieux, astres et phénomènes atmosphériques.

138 שָׁמַיִם (r. שמה) *cieux.*

139 שֶׁמֶשׁ *soleil.*

140 יָרֵחַ *lune.*

141 כּוֹכָב (r. כבב) *étoile.*

142 רוּחַ *vent.*

143 עָנָן *nuage.*

| | | | | | |
|---|---|---|---|---|---|
| 144 | בָּרָק | *éclair.* | 148 | גֶּשֶׁם | *pluie violente.* |
| 145 | קוֹל יהוה | *tonnerre.* | 149 | טַל (r. טלל) | *rosée.* |
| 146 | קוֹלוֹת | *id.* | 150 | שֶׁלֶג | *neige.* |
| 147 | מָטָר | *pluie.* | 151 | בָּרָד | *grêle.* |

## 2° Points cardinaux.

| | | | | | |
|---|---|---|---|---|---|
| 152 | קֶדֶם | *orient* (étym. : *avant*). | 157 | יָם | *occident* (étym. : le côté de *la mer* Méditerranée). |
| 153 | אָחוֹר | *occident* (étym. : *arrière*). | 158 | נֶגֶב | *sud* (étym. : *pays desséché*). |
| 154 | תֵּימָן | *sud, midi* (étym. : *droite*). | 159 | צָפוֹן | *nord* (étym. : *caché, obscur*). |
| 155 | שְׂמֹאל | *nord* (étym. : *gauche*). | | | |
| 156 | מִזְרָח | *orient* (étym. : *levant*). | | | |

## 3° Terre et accidents de terrain.

| | | | | | |
|---|---|---|---|---|---|
| 160 | אֶרֶץ | *terre, pays.* | 165 | גִּבְעָה | *colline.* |
| 161 | אֲדָמָה | *terre, sol* (*humus*). | 166 | הַר | *montagne.* |
| 162 | עָפָר | *poussière.* | 167 | לְבָנוֹן | *Liban.* |
| 163 | צוּר | *rocher.* | 168 | עֵמֶק | *vallée.* |
| 164 | סֶלַע | *rocher escarpé.* | 169 | גַּיְא | *id.* |

## 4° Divisions locales et pays voisins de Juda.

| | | | | | |
|---|---|---|---|---|---|
| 170 | גְּבוּל | *frontière, territoire.* | 176 | כְּנַעַן | *Canaan.* |
| 171 | חֵלֶק | *part, lot.* | 177 | מִצְרַיִם | *Égypte, Égyptiens.* |
| 172 | עִיר | *ville.* | 178 | פְּלִשְׁתִּים | *Philistins.* |
| 173 | מִגְרָשׁ | *banlieue.* | 179 | צֹר | *Tyr.* |
| 174 | סָבִיב | *alentours.* | 180 | גִּלְעָד | *Galaad.* |
| 175 | עֵבֶר | *région opposée.* | 181 | דַּמֶּשֶׂק | *Damas.* |

| | | | | | | |
|---|---|---|---|---|---|---|
| 182 | אַשּׁוּר | Assur. | | 183 | בָּבֶל | Babylone. |

## 5° Eaux.

| | | | | | | |
|---|---|---|---|---|---|---|
| 184 | מַיִם | eaux. | | 190 | הַנָּהָר | l'Euphrate (m. à m. le Fleuve). |
| 185 | עַיִן | source. | | 191 | יָם | mer. |
| 186 | נַחַל | torrent. | | 192 | שָׂפָה | bord. |
| 187 | נָהָר | fleuve. | | 193 | בּוֹר (r. באר) | citerne, fosse. |
| 188 | יַרְדֵּן | Jourdain. | | 194 | שָׁפַךְ | il versa, répandit. |
| 189 | יְאוֹר | Nil. | | 195 | רָחַץ | il lava. |

## 6° Pierres, métaux.

| | | | | | | |
|---|---|---|---|---|---|---|
| 196 | אֶבֶן | pierre. | | 200 | נְחֹשֶׁת | bronze, airain. |
| 197 | זָהָב | or. | | 201 | יָקָר | précieux. |
| 198 | כֶּסֶף | argent. | | 202 | נָסַךְ | il fit fondre un métal. |
| 199 | בַּרְזֶל | fer. | | | | |

## 7° Jour et lumière, nuit et ténèbres, feu.

| | | | | | | |
|---|---|---|---|---|---|---|
| 203 | אוֹר | lumière. | | 211 | לַהַב, לֶהָבָה | flamme. |
| 204 | יוֹם | jour. | | 212 | חֵמָה (r. יחם) | chaleur. |
| 205 | עֶרֶב | soir. | | 213 | לוּן, לִין | passer la nuit. |
| 206 | בֹּקֶר | matin. | | 214 | בָּעַר | il brûla, incendia. |
| 207 | צֵל (r. צלל) | ombre. | | 215 | חָרָה | il brûla, fut enflammé. |
| 208 | חֹשֶׁךְ | ténèbres. | | | | |
| 209 | לַיִל, לַיְלָה | nuit. | | 216 | שָׂרַף | il brûla. |
| 210 | אֵשׁ | feu. | | 217 | יוֹמָם | pendant le jour. |

## 8° **Temps et ses divisions**.

218 עֵת *temps.*

219 מוֹעֵד (r. יעד) *temps déterminé.*

220 חֹדֶשׁ *mois.*

221 שָׁנָה *année.*

222 דּוֹר *génération, âge, période.*

223 קֶדֶם *antiquité.*

224 עוֹלָם (r. עלם) *longue durée, éternité.*

225 תָּמִיד (r. מוד) *perpétuité.*

226 הַיּוֹם *aujourd'hui.*

227 תְּמוֹל *hier.*

228 מָחָר *demain.*

229 מִיָּמִים יָמִימָה *annuellement, périodiquement.*

## 9° **Qualités physiques**.

230 שָׁלוֹם *état parfait, solidité.*

231 גָּדוֹל *grand.*

232 יָפֶה *beau.*

233 טוֹב *bon.*

234 תָּמִים *parfait, achevé.*

235 חָדָשׁ *nouveau.*

236 מָתוֹק *doux.*

237 לָבָן *blanc.*

238 קָטוֹן *petit.*

239 רַע (r. רעע) *mauvais.*

240 מַר (r. מרר) *amer.*

241 צַר (r. צרר) *étroit, resserré.*

242 גָּדַל *il fut grand.*

243 רָחַב *il fut large, spacieux.*

244 יָטַב *il fut bon.*

245 שָׁלַם *il mit en parfait état.*

246 תָּמַם *il fut parfait, achevé.*

247 נִפְלָא (Qal inus.) *il fut extraordinaire, admirable.*

248 כָּבֵד *il fut pesant.*

249 קָשָׁה *il fut dur.*

250 קָלַל *il fut léger.*

251 יָבֵשׁ *il fut aride, sec.*

## 10° **Dimensions**.

252 אֹרֶךְ *longueur.*

253 רֹחַב *largeur.*

254 מָרוֹם (r. רום) *hauteur.*

255 רֵאשִׁית *commencement.*

| 256 | חֲצִי (r. חצה) milieu, division. | 262 | בֵּין (r. בון) intervalle de, entre. |
|---|---|---|---|
| 257 | תָּוֶךְ milieu. | 263 | גָּבֹהַּ haut, élevé. |
| 258 | קֶרֶב milieu, intérieur. | 264 | עָמֹק profond. |
| 259 | קֵץ (r. קצץ) fin. | 265 | רוּם être haut, élevé. |
| 260 | קָצֶה extrémité, fin. | 266 | הֵחֵל (Hi., r. חלל) il commença. |
| 261 | אַחֲרִית extrémité, fin. | | |

## 11° Nombre, mesure et poids.

| 267 | מִסְפָּר (r. ספר) nombre. | 276 | שֶׁקֶל sicle. |
|---|---|---|---|
| 268 | מְעַט un peu, petit nombre. | 277 | אֵפָה, אֵיפָה épha (mesure). |
| 269 | רֹב (r. רבב) multitude. | 278 | רָבָה il fut ou devint nombreux. |
| 270 | כֹּל (r. כלל) totalité, tout. | 279 | סָפַר il compta. |
| 271 | פַּעַם fois. | 280 | מָנָה il compta, assigna. |
| 272 | מִדָּה (r. מדד) mesure. | 281 | מָדַד il mesura. |
| 273 | קָנֶה roseau (unité de mesure). | 282 | הוֹסִיף (r. יסף) il ajouta. |
| 274 | אַמָּה (r. אמם) coudée. | 283 | מָלֵא il remplit. |
| 275 | כִּכָּר (r. כרר) poids, talent. | | |

## III. — HOMME ET FAMILLE

## 1° Composé humain.

| 284 | אָדָם homme (homo). | 290 | עֶצֶם os, ossements. |
|---|---|---|---|
| 285 | אֱנוֹשׁ homme (poétique). | 291 | עוֹר peau. |
| 286 | בָּשָׂר chair, corps. | 292 | רֹאשׁ tête. |
| 287 | רוּחַ esprit de vie, souffle. | 293 | שֵׂעָר cheveux. |
| 288 | נֶפֶשׁ âme. | 294 | אֹזֶן oreille. |
| 289 | דָּם sang. | 295 | פָּנִים face. |

296 זָקָן *barbe.*

297 עַיִן *œil.*

298 אַף (r. אנף) *nez.*

299 פֶּה *bouche.*

300 שָׂפָה *lèvre.*

301 לָשׁוֹן *langue.*

302 שֵׁן (r. שנן) *dent.*

303 כָּתֵף *épaule.*

304 זְרוֹעַ *bras.*

305 יָד *main.*

306 יָמִין *droite, côté droit.*

307 שְׂמֹאל *gauche, côté gauche.*

308 כַּף (r. כפף) *creux de la main, main.*

309 בֶּרֶךְ *genou.*

310 רֶגֶל *pied.*

311 לֵב, לֵבָב *cœur.*

312 רֶחֶם, רַחַם *sein maternel.*

313 בֶּטֶן *ventre.*

314 מֵעִים (r. מעה) *entrailles.*

315 כְּלָיוֹת *reins.*

316 מָתְנַיִם *id.*

## 2° Famille et relations de famille.

317 אִישׁ (plur. אֲנָשִׁים) *homme (vir).*

318 אִשָּׁה (plur. נָשִׁים) *femme.*

319 אָב *père.*

320 אֵם *mère.*

321 בֵּן (r. בנה) *fils.*

322 בַּת (r. בנה) *fille.*

323 בְּכוֹר *premier-né.*

324 אָח *frère.*

325 אָחוֹת *sœur.*

326 יוֹנֵק (r. ינק) *enfant à la mamelle.*

327 עוֹלֵל (r. עלל) *petit enfant.*

328 יֶלֶד *enfant.*

329 נַעַר *jeune homme.*

330 נַעֲרָה *jeune fille.*

331 בְּתוּלָה *vierge, jeune fille.*

332 נְעוּרִים *jeunesse.*

333 גֶּבֶר *homme, époux (vir).*

334 אַלְמָנָה *veuve.*

335 יָתוֹם *orphelin.*

336 זָקֵן *vieillard.*

337 זֶרַע *postérité.*

338 מִשְׁפָּחָה (r. שפח) *famille.*

339 חָרָה *il conçut.*

340 יָלַד *il enfanta.*

341 הוֹלִיד (Hi., r. ילד) *il engendra.*

### 3° **Vie matérielle**.

#### *a*) VIE ET MORT.

| | | | | | |
|---|---|---|---|---|---|
| 342 | חַיִּים (r. חיו) *vie*. | | 349 | הָיָה | *il fut*. |
| 343 | מָוֶת (r. מות) *mort*. | | 350 | חָיָה | *il vécut*. |
| 344 | קֶבֶר *tombeau*. | | 351 | מוּת | *mourir*. |
| 345 | שְׁאוֹל *šᵉ'ôl*. | | 352 | אָבַד | *il périt*. |
| 346 | בּוֹר (r. באר) *fond du šᵉ'ôl*. | | 353 | הָרַג | *il massacra*. |
| 347 | חַי (r. חיו) *vivant*. | | 354 | שָׁחַט | *il tua, égorgea*. |
| 348 | מֵת (Qal part. act. de מות) *mort, défunt*. | | 355 | קָבַר | *il ensevelit*. |

#### *b*) MALADIE ET SANTÉ.

| | | | | | |
|---|---|---|---|---|---|
| 356 | חֳלִי *maladie*. | | 360 | חָלָה | *il fut* ou *devint malade*. |
| 357 | דֶּבֶר *peste*. | | 361 | רָפָא | *il guérit, porta remède*. |
| 358 | צָרַעַת *lèpre*. | | | | |
| 359 | עִוֵּר *aveugle*. | | | | |

#### *c*) NOURRITURE.

| | | | | | |
|---|---|---|---|---|---|
| 362 | מַאֲכָל *nourriture*. | | 370 | יַיִן (r. יון) *vin*. |
| 363 | לֶחֶם *pain, nourriture*. | | 371 | שֵׁכָר *liqueur*. |
| 364 | דְּבַשׁ *miel*. | | 372 | אָכַל *il mangea*. |
| 365 | חָלָב *lait*. | | 373 | שָׁתָה *il but*. |
| 366 | חֵלֶב *graisse*. | | 374 | הִשְׁקָה (Hi., r. שקה) *il donna à boire*. |
| 367 | שֶׁמֶן *graisse, huile*. | | 375 | שָׁכַר *il but à satiété*. |
| 368 | צָמָא *soif*. | | 376 | שָׂבַע *il fut rassasié*. |
| 369 | מִשְׁתֶּה (r. שתה) *festin, boisson*. | | | |

### d) Vêtement.

377　בֶּגֶד　*vêtement.*
378　לְבוּשׁ　*id.*
379　שִׂמְלָה　*manteau.*
380　תִּפְאֶרֶת (r. פאר)　*ornement.*
381　אֵזוֹר　*ceinture.*

382　חֲגוֹרָה　*ceinture.*
383　נֶזֶם　*anneau.*
384　נַעַל　*chaussure.*
385　לָבַשׁ　*il fut revêtu, habilla.*

### e) Séjour, habitation, mobilier.

386　מָקוֹם (r. קום)　*lieu.*
387　מִשְׁכָּן　*habitation.*
388　מָגוֹר (r. גור)　*id.*
389　אֹהֶל　*tente.*
390　בַּיִת　*maison.*
391　חָצֵר　*vestibule, cour.*
392　שַׁעַר　*porte.*
393　פֶּתַח　*porte, ouverture.*
394　דֶּלֶת (r. דלה)　*porte.*
395　חֶדֶר　*chambre.*
396　עֲלִיָּה (r. עלה)　*chambre haute.*

397　פֵּאָה　*côté, angle.*
398　חוּץ　*côté extérieur.*
399　מִטָּה (r. נטה)　*lit.*
400　כִּסֵּא (r. כסה)　*siège.*
401　שֻׁלְחָן　*table.*
402　בָּנָה　*il construisit.*
403　יָסַד　*il posa les fondations.*
404　לוּן, לִין　*passer la nuit, demeurer.*
405　יָשַׁב　*il habita.*
406　שָׁכַן　*il habita, demeura.*
407　גּוּר　*séjourner.*

### f) Mouvement.

408　דֶּרֶךְ　*voie.*
409　אֹרַח　*chemin.*
410　נָסַע　*il partit.*
411　הָלַךְ　*il alla.*

412　מִהַר (Pi.)　*il hâta, se hâta.*
413　רוּץ　*courir.*
414　עָלָה　*il monta.*
415　יָרַד　*il descendit.*

| | | | | | |
|---|---|---|---|---|---|
| 416 | הָפַךְ | *il tourna.* | 421 | שׁוּב | *revenir.* |
| 417 | פָּנָה | *il tourna, se tourna.* | 422 | הִשְׁתַּחֲוָה (Hit<sup>h</sup>., r. שחה) | *il s'inclina, se prosterna.* |
| 418 | עָבַר | *il traversa, passa au delà.* | | | |
| 419 | בּוֹא | *entrer, venir.* | 423 | נָפַל | *il tomba.* |
| 420 | יָצָא | *il sortit.* | | | |

*g*) Activité laborieuse et repos.

| | | | | | |
|---|---|---|---|---|---|
| 424 | מְלָאכָה (לאך) | *travail, œuvre.* | 437 | כָּלָה | *il acheva, consomma.* |
| 425 | מַעֲשֶׂה (עשה) | *action, œuvre.* | 438 | עָרַךְ | *il disposa avec ordre.* |
| 426 | כְּלִי (כלה) | *instrument.* | 439 | שׂוּם, שִׂים | *placer.* |
| 427 | מַשָּׂא (r. נשא) | *fardeau, charge.* | 440 | שׁוּת, שִׁית | *id.* |
| 428 | עוּר | *s'éveiller.* | 441 | נָשָׂא | *il leva, éleva.* |
| 429 | קוּם | *se lever.* | 442 | הִשְׁלִיךְ | *il jeta.* |
| 430 | עָמַד | *il se tint debout.* | 443 | יָרָה | *il jeta.* |
| 431 | נִצַּב (Ni., r. נצב) | *il se tint debout, fut placé.* | 444 | שָׁלַח | *il envoya.* |
| 432 | הִתְיַצֵּב | *il se tint debout, se dressa.* | 445 | נָטָה | *il tendit, inclina.* |
| 433 | עָשָׂה | *il fit.* | 446 | יָשַׁב | *il s'assit.* |
| 434 | פָּעַל | *id.* | 447 | שָׁבַת | *il se reposa.* |
| 435 | יָצַר | *il fabriqua, façonna.* | 448 | נוּחַ | *se reposer.* |
| 436 | בָּרָא | *il créa.* | 449 | שָׁכַב | *il coucha, se coucha.* |
| | | | 450 | נִרְדָּם | *il s'endormit profondément.* |

*h*) Rapprochement et union.

| | | | | | |
|---|---|---|---|---|---|
| 451 | בְּרִית | *alliance.* | 455 | דָּמָה | *il fut semblable.* |
| 452 | עֵדָה (r. יעד) | *assemblée.* | 456 | קָרָה, קָרָא | *il rencontra, alla au-devant.* |
| 453 | מוֹעֵד (r. יעד) | *réunion fixée.* | | | |
| 454 | קָהָל | *assemblée.* | 457 | קָרַב | *il approcha.* |

| | | | | |
|---|---|---|---|---|
| 458 | נָגַשׁ | *il approcha.* | 462 | קָבַץ *il réunit, rassembla.* |
| 459 | דָּבַק | *il adhéra.* | 463 | אָסַר *il lia, attacha.* |
| 460 | כָּרַת (בְּרִית) | *il conclut (une alliance).* | 464 | חָבַר *il s'unit, fut joint.* |
| 461 | אָסַף | *il réunit.* | 465 | תָּקַע *il fixa, piqua, enfonça.* |

### *i*) Cessation, éloignement et séparation.

| | | | | |
|---|---|---|---|---|
| 466 | אַחֵר (plur. אֲחֵרִים) | *autre.* | 475 | הִבְדִּיל *il sépara.* |
| 467 | חָדַל | *il cessa.* | 476 | חָלַק *il partagea, sépara.* |
| 468 | שָׁבַת | *id.* | 477 | פָּרַץ *il sépara, brisa.* |
| 469 | סוּר | *se retirer.* | 478 | הִפְרִיד *il divisa, sépara.* |
| 470 | רָחַק | *il fut* ou *devint éloigné.* | 479 | הִדִּיחַ (Hi., r. נדח) *il poussa, chassa.* |
| 471 | כָּרַת | *il coupa.* | 480 | הֵפִיץ (Hi., r. פוץ) *il dispersa.* |
| 472 | שָׁבַר | *il brisa.* | 481 | פָּרַשׂ *il éparpilla, déploya.* |
| 473 | קָרַע | *il déchira.* | 482 | עָזַב *il abandonna, laissa.* |
| 474 | בָּקַע | *il fendit, déchira.* | 483 | מָאַס *il rejeta, méprisa.* |

### *j*) Hostilité : coups et violences.

| | | | | |
|---|---|---|---|---|
| 484 | אַף (r. אנף) | *colère* (m. à m. *nez*). | 490 | נֶגַע *plaie, coup.* |
| 485 | חָרוֹן (r. חרה) | *colère.* | 491 | כָּעַס *il fut ému, indigné.* |
| 486 | חֵמָה (r. יחם) | *fureur.* | 492 | חָרָה (אַף) *il fut irrité.* |
| 487 | חָמָס | *violence.* | 493 | הִכָּה (Hi., r. נכה) *il frappa.* |
| 488 | מַטֶּה (r. נטה) | *bâton.* | 494 | נָגַע *il frappa, toucha.* |
| 489 | שֵׁבֶט | *bâton, verge.* | | |

### *k*) Dévastation et ruine.

| | | | | |
|---|---|---|---|---|
| 495 | רָעָב | *famine.* | 496 | חֵרֶם *anathème.* |

| | | | | |
|---|---|---|---|---|
| 497 | תּוֹעֵבָה | (r. תעב) *abomination.* | 505 | הֶחֱרִים | (Hi., r. חרם) *il voua à l'anathème.* |
| 498 | שְׁמָמָה | *dévastation.* | 506 | הִשְׁחִית | *il dévasta, ruina.* |
| 499 | יֶתֶר | *reste.* | 507 | הִשְׁמִיד | *il ruina, dévasta.* |
| 500 | שְׁאֵרִית | *id.* | 508 | בָּלַע | *il ruina, détruisit.* |
| 501 | בָּזַז | *il dépouilla, pilla.* | 509 | הָרַס | *il renversa, détruisit.* |
| 502 | גָּזַל | *il dépouilla, vola.* | 510 | נָתַץ | *il détruisit.* |
| 503 | חָרֵב | *il fut desséché.* | 511 | נִשְׁאַר | *il resta.* |
| 504 | שָׁמֵם | *il fut dévasté, désolé, stupéfait.* | 512 | נוֹתַר | (Ni., r. יתר) *il fut de reste.* |

### *l*) Secret et manifestation.

| | | | | |
|---|---|---|---|---|
| 513 | סָבַב | *il entoura.* | 521 | דָּרַשׁ | *il rechercha, eut recours.* |
| 514 | סָגַר | *il ferma, enferma.* | 522 | מָצָא | *il trouva.* |
| 515 | כִּסָּה | (Pi., r. כסה) *il couvrit, cacha.* | 523 | פָּתַח | *il ouvrit.* |
| 516 | סָתַר | *il cacha.* | 524 | גָּלָה | *il révéla, découvrit.* |
| 517 | נֶחְבָּא | (Qal inus.) *il se cacha.* | 525 | הִגִּיד | (Hi., r. נגד) *il annonça, déclara.* |
| 518 | נָצַר | *il garda.* | 526 | בִּשֵּׂר | (Qal inus.) *il annonça.* |
| 519 | שָׁמֵר | *il garda.* | | | |
| 520 | בִּקֵּשׁ | (Qal inus.) *il chercha, rechercha.* | | | |

### 4° Vie intellectuelle.

### *a*) Intelligence et instruction.

| | | | | |
|---|---|---|---|---|
| 527 | תְּבוּנָה | (r. בון) *intelligence* (acte et faculté). | 531 | סֵפֶר | *livre.* |
| 528 | סֹפֵר | *scribe.* | 532 | דַּעַת | (r. ידע) *connaissance, science.* |
| 529 | לוּחַ | *tablette.* | 533 | תּוֹרָה | (r. ירה) *loi.* |
| 530 | מִכְתָּב | *écrit.* | | | |

| | | | | |
|---|---|---|---|---|
| 534 | לִמֵּד | *il instruisit.* | 538 | יָדַע | *il connut.* |
| 535 | הוֹרָה (Hi., r. ירה) | *il instrui-sit, disciplina.* | 539 | בּוּן, בִּין | *comprendre, dis-cerner.* |
| 536 | לָמַד | *il apprit.* | 540 | כָּתַב | *il écrivit.* |
| 537 | חָשַׁב | *il pensa.* | | | |

### *b*) Sagesse et folie.

| | | | | |
|---|---|---|---|---|
| 541 | חָכְמָה | *sagesse.* | 547 | נָבָל | *insensé.* |
| 542 | עֵצָה (r. יעץ) | *conseil.* | 548 | כְּסִיל | *sot, insensé.* |
| 543 | מוּסָר (r. יסר) | *discipline mo-rale, éducation.* | 549 | הִשְׂכִּיל | *il fut prudent.* |
| 544 | מָשָׁל | *proverbe, parabole.* | 550 | יָעַץ | *il conseilla, avertit.* |
| 545 | חָכָם | *sage.* | 551 | וִסַּר (Pi., r. יסר) | *il corrigea, disciplina.* |
| 546 | אֱוִיל (r. אול) | *insensé.* | | | |

### *c*) Vision et ouïe.

| | | | | |
|---|---|---|---|---|
| 552 | אוֹת (r. אוה) | *signe.* | 556 | רָאָה | *il vit.* |
| 553 | מַרְאֶה (r. ראה) | *vue, appa-rence.* | 557 | הִבִּיט (Hi., r. נבט) | *il re-garda, considéra.* |
| 554 | קוֹל | *bruit, voix.* | 558 | פָּקַד | *il observa, visita.* |
| 555 | הָמוֹן (r. המה) | *bruit, tu-multe.* | 559 | שָׁמַע | *il entendit.* |

### *d*) Parole et mémoire.

| | | | | |
|---|---|---|---|---|
| 560 | דָּבָר | *parole.* | 566 | שָׁאַל | *il demanda, s'informa.* |
| 561 | שֵׁם | *nom.* | 567 | עָנָה | *il répondit.* |
| 562 | אָמַר | *il dit.* | 568 | סִפֵּר | *il raconta.* |
| 563 | דִּבֶּר, דִּבֵּר | *il parla.* | 569 | זָכַר | *il se souvint.* |
| 564 | צָעַק, זָעַק | *il cria, appela.* | 570 | שָׁכַח | *il oublia.* |
| 565 | קָרָא | *il appela, lut.* | | | |

## 5° **Vie morale**.

### *a*) JUSTICE, BONTÉ, PIÉTÉ.

571 צֶדֶק *justice*.

572 צְדָקָה *id.*

573 מִשְׁפָּט *justice, rectitude*.

574 צַדִּיק *juste*.

575 יָשָׁר *droit, juste*.

576 טוֹב *bon*.

577 תָּם (r. תמם) *intègre*.

578 נָקִי (r. נקה) *pur, innocent*.

579 חָסִיד *pieux*.

580 קָדוֹשׁ *saint*.

581 יְרֵא אֱלֹהִים *craignant Dieu*.

582 נִקָּה (Ni.) *il fut innocent, impuni*.

### *b*) MAL MORAL, PÉCHÉ ET PARDON.

583 אָוֶן (r. און) *méchanceté*.

584 רַע (r. רעע) *mal* (moral).

585 חַטָּאת *péché*.

586 עָוֹן (r. עוה) *iniquité, faute*.

587 פֶּשַׁע *transgression, péché*.

588 רָעָה (r. רעע) *malice*.

589 זִמָּה (r. זמם) *dessein criminel, crime*.

590 עָוֶל, עַוְלָה *injustice*.

591 מִרְמָה *fraude*.

592 שֶׁקֶר *mensonge*.

593 נֹאֵף *adultère*.

594 רַע (r. רעע) *méchant, mauvais*.

595 רָשָׁע *mauvais, criminel*.

596 רָעַע *il fut mauvais*.

597 חָטָא *il pécha*.

598 בָּגַד *il fut déloyal* (étym. : *il couvrit*).

599 מָעַל *id.*

600 גָּנַב *il déroba, vola*.

601 זָנָה *il commit la fornication*.

602 סָלַח *il pardonna* (Dieu).

### *c*) VOULOIR, SE COMPLAIRE.

603 תַּאֲוָה (r. אוה) *désir*.

604 חֵפֶץ *désir, bon plaisir*.

605 אִוָּה (Pi., r. אוה, Qal inus.) *il désira vivement*.

606   אָבָה   *il voulut.*

607   בָּחַר   *il choisit, éprouva.*

608   חָמֵד   *il désira, prit plaisir.*

609   חָפֵץ   *il se complut.*

610   נָדַב   *il agit spontanément.*

### d) Confiance et crainte.

611   אֱמֶת   (r. אמן) *fidélité, vérité, foi, confiance.*

612   יִרְאָה   *crainte.*

613   הֶאֱמִין   (Hi., r. אמן) *il affermit, confirma, crut.*

614   בָּטַח   *il se confia.*

615   יָרֵא   *il craignit.*

616   חָתַת   *il fut effrayé.*

617   חָרַד   *il trembla.*

### e) Joie et affliction.

618   שִׂמְחָה   *joie.*

619   עֳנִי   (r. ענה) *affliction.*

620   רַע   (r. רעע) *malheur.*

621   רָעָה   (r. רעע) *misère, détresse.*

622   צָרָה   (r. צרר) *angoisse.*

623   חֶרְפָּה   *opprobre.*

624   עָנִי   (r. ענה) *affligé.*

625   שָׂמֵחַ   *il se réjouit.*

626   רָנַן   *il poussa des cris de joie.*

627   עָנָה   *il fut affligé.*

628   נִחַם   (Ni., r. נחם, Qal inus.) *il fut triste, ému.*

629   נִחַם   (Pi.) *il consola.*

630   בָּכָה   *il pleura.*

631   סָפַד   *il pleura, se lamenta.*

632   בּוֹשׁ   *rougir, avoir honte.*

633   נִכְלַם   (Qal inus.) *il fut couvert de confusion.*

634   הֵרַע   (Hi., r. רעע) *il fit du mal, maltraita.*

### f) Force et faiblesse.

635   גְּבוּרָה   *puissance, valeur.*

636   חַיִל   (r. חול) *force.*

637   כֹּחַ   (r. כחח) *force (vis).*

638   עֹז   (r. עזז) *force (robur).*

639   גִּבּוֹר   *fort.*

640   חָזַק   *il fut fort, domina.*

641   יָכֹל   *il put, fut capable.*

| | | | | |
|---|---|---|---|---|
| 642 | הֵכִין (Hi., r. כון, Qal inus.) il affermit, établit. | | 643 | שָׁפֵל il fut abaissé, humilié. |
| | | | 644 | כָּשַׁל il chancela. |

### g) Danger et délivrance.

| | | | | |
|---|---|---|---|---|
| 645 | יְשׁוּעָה (r. ישע) délivrance, salut. | | 650 | נָקַם il vengea. |
| | | | 651 | נִמְלַט (Qal inus.) il s'enfuit. |
| 646 | צַר (r. צרר) opprimé, angoissé. | | 652 | הִצִּיל (Hi., r. נצל, Qal inus.) il enleva, délivra. |
| 647 | חָסָה il chercha refuge. | | 653 | פִּלֵּט il délivra. |
| 648 | הוֹשִׁיעַ (Hi., r. ישע, Qal inus.) il délivra. | | 654 | צָרַר il opprima, pressa. |
| | | | 655 | עָשַׁק il opprima, vexa. |
| 649 | עָזַר il aida, porta secours. | | | |

## 6° Vie sociale.

### a) Maitres et serviteurs.

| | | | | |
|---|---|---|---|---|
| 656 | אָדוֹן seigneur (dominus). | | 660 | שִׁפְחָה servante. |
| 657 | בַּעַל maître (herus). | | 661 | עֲבוֹדָה travail, service. |
| 658 | נַעַר serviteur (puer). | | 662 | עָבַד il travailla, servit. |
| 659 | עֶבֶד serviteur, esclave. | | | |

### b) Richesse et pauvreté.

| | | | | |
|---|---|---|---|---|
| 663 | אֶבְיוֹן (r. אבה) pauvre. | | 666 | עָשַׁר il fut ou devint riche. |
| 664 | דַּל (r. דלל) id. | | 667 | הִצְלִיחַ il prospéra, rendit prospère. |
| 665 | עָנִי (r. ענה) pauvre, humble. | | 668 | חָסַר il manqua de. |

### c) Propriété et actes de propriété.

| | | | | |
|---|---|---|---|---|
| 669 | גּוֹרָל (r. גרל) lot, sort. | | 670 | חֶבֶל cordeau, portion mesurée, lot. |

671 אֲחֻזָּה *possession.*

672 נַחֲלָה *propriété, héritage.*

673 מִקְנֶה (r. קנה) *richesse* (en troupeaux).

674 חַיִל (r. חול) *biens.*

675 אוֹצָר (r. אצר) *trésor.*

676 אָחַז *il saisit, prit possession.*

677 תָּפַשׂ *il saisit.*

678 לָקַח *il prit.*

679 נָחַל *il prit possession, hérita.*

680 קָנָה *il acquit.*

681 יָרַשׁ *il prit possession, hérita.*

682 גָּאַל *il racheta.*

683 פָּדָה *id.*

684 מָכַר *il vendit.*

685 נָתַן *il donna.*

### d) Bienveillance et hostilité.

686 חֵן (r. חנן) *bienveillance, faveur.*

687 חֶסֶד *bonté, bienveillance.*

688 רָצוֹן (r. רצה) *faveur, bienfait.*

689 רֵעַ (r. רעה) *compagnon, ami.*

690 דּוֹד (r. דוד) *bien-aimé, ami.*

691 אֹיֵב *ennemi.*

692 צַר (r. צרר) *adversaire, ennemi.*

693 אָהַב *il aima.*

694 חָנַן *il se montra bienveillant.*

695 רָצָה *il accueillit avec plaisir, aima.*

696 חָפֵץ *il eut de l'inclination.*

697 רִחַם (Pi., r. רחם) *il aima, eut de la compassion.*

698 שָׂנֵא *il haït.*

## 7° Vie politique.

### a) Autorité et gouvernement.

699 מַלְכוּת *royauté.*

700 מַמְלָכָה (r. מלך) *royaume, souveraineté.*

701 מֶלֶךְ *roi.*

702 נָשִׂיא *prince.*

703 נָגִיד *prince, chef.*

704 שַׂר (r. שרר) *chef, prince.*

| | | | | | | |
|---|---|---|---|---|---|---|
| 705 | מַלְכָּה | reine. | | 717 | עֵדוּת (r. עוד) | témoignage. |
| 706 | הֵיכָל | palais. | | 718 | כָּבֵד | il fut honoré. |
| 707 | כִּסֵּא (r. כסה) | trône. | | 719 | מָלַךְ | il régna, devint roi. |
| 708 | כָּבוֹד | gloire. | | 720 | מָשַׁל | il gouverna, eut auto- rité. |
| 709 | שֵׁבֶט | sceptre. | | 721 | צִוָּה (Pi., r. צוה, Qal inus.) il décréta, ordonna. |
| 710 | חֹק (r. חקק) | décret, loi. | | | | |
| 711 | חֻקָּה (r. חקק) | id. | | 722 | שָׁפַט | il jugea. |
| 712 | מִצְוָה (r. צוה) | commande- ment, précepte. | | 723 | דִּין | juger. |
| 713 | תּוֹרָה (r. ירה) | loi. | | 724 | הוֹכִיחַ (Hi., r. יכח, Qal inus.) il jugea, corrigea. |
| 714 | מִשְׁפָּט | jugement, prescrip- tion, coutume. | | | | |
| | | | | 725 | רִיב | disputer, contester. |
| 715 | רִיב | contestation, procès. | | 726 | אָסַר | il tint en prison, lia. |
| 716 | עֵד (r. עוד) | témoignage, témoin. | | | | |

b) RELATIONS ENTRE LES PEUPLES.

| | | | | | | |
|---|---|---|---|---|---|---|
| 727 | עַם (r. עמם) | peuple. | | 732 | זָר (r. זור) | étranger. |
| 728 | אָבוֹת | pères (chefs de fa- mille). | | 733 | נֵכָר | étranger. |
| | | | | 734 | נָכְרִי | id. |
| 729 | שֵׁבֶט | tribu. | | 735 | גּוֹי (r. גוה) | peuple étran- ger. |
| 730 | מַטֶּה (r. נטה) | tribu. | | | | |
| 731 | גֵּר (r. גור) | étranger, hôte. | | | | |

c) PAIX ET GUERRE.

| | | | | | | |
|---|---|---|---|---|---|---|
| 736 | שָׁלוֹם | paix. | | 740 | שָׁלָל | butin. |
| 737 | בְּרִית (r. ברה) | alliance. | | 741 | גּוֹלָה (r. גלה) | exil. |
| 738 | מַלְאָךְ | messager, envoyé. | | 742 | שְׁבִי (r. שבה) | captivité. |
| 739 | מִלְחָמָה | combat, guerre. | | 743 | חָלָל | tué. |

744  מָרָה  *il se montra rebelle.*
745  נִלְחַם  *il engagea le combat.*
746  נוּס  *fuir, s'enfuir.*
747  רָדַף  *il poursuivit.*

748  לָכַד  *il captura.*
749  חָלַל  *il blessa, transperça.*
750  גָּלָה  *il alla en exil.*

### d) Armée et armement.

751  צָבָא  *armée.*
752  חַיִל  (r. חול) *armée.*
753  גִּבּוֹר  *homme fort, guerrier.*
754  פָּרָשׁ  *cavalier.*
755  רֶכֶב  *char.*
756  אוֹפָן  *roue.*
757  מַחֲנֶה  (r. חנה) *campement.*
758  מָגֵן  (r. גנן) *bouclier.*
759  חֶרֶב  *glaive.*

760  קֶשֶׁת  (r. קוש) *arc.*
761  חֵץ  (r. חצץ) *flèche, trait.*
762  שׁוֹפָר  *trompette.*
763  חוֹמָה  *muraille, mur.*
764  קִיר  *mur.*
765  מִגְדָּל  *tour.*
766  מִשְׁמֶרֶת  *garde, veille.*
767  חָנָה  *il campa.*
768  נָסַע  *il décampa.*

## 8° Agriculture.

### a) Animaux.

#### α) Animaux en général.

769  חַיָּה  *animal* (collectif).
770  זָכָר  *mâle.*

771  נְקֵבָה  *femelle.*

#### β) Animaux domestiques.

772  בְּהֵמָה  *animal, bétail.*
773  בָּקָר  *troupeau* (gros bétail).
774  צֹאן  *troupeau* (petit bétail).
775  גָּמָל  *chameau.*

776  סוּס  *cheval.*
777  חֲמוֹר  *âne.*
778  כֶּבֶשׂ  *agneau.*
779  אַיִל  *bélier.*

| | | | | | |
|---|---|---|---|---|---|
| 780 | עֵז | chèvre. | 784 | פַּר | taureau. |
| 781 | שָׂעִיר | bouc. | 785 | שׁוֹר | bœuf. |
| 782 | עַתּוּד | id. | 786 | קֶרֶן | corne. |
| 783 | עֵגֶל | veau. | 787 | עֹל | (r. עלל) joug. |

### γ) Oiseaux.

| | | | | | |
|---|---|---|---|---|---|
| 788 | עוֹף | oiseau (collectif). | 791 | נֶשֶׁר | aigle. |
| 789 | צִפּוֹר | oiseau. | 792 | יוֹנָה | colombe. |
| 790 | כָּנָף | ailé. | 793 | עוּף | voler. |

### δ) Animaux sauvages.

| | | | | | |
|---|---|---|---|---|---|
| 794 | חַיָּה | animal sauvage. | 797 | נָחָשׁ | serpent. |
| 795 | אֲרִי, אַרְיֵה | lion. | 798 | דָּג, דָּגָה | poisson. |
| 796 | כְּפִיר | jeune lion. | 799 | רֶמֶשׂ | reptile. |

## b) CHAMPS, BOIS ET ARBRES.

| | | | | | |
|---|---|---|---|---|---|
| 800 | מִדְבָּר | lieu de pâturage, désert. | 807 | קָנֶה | roseau, tige, branche. |
| 801 | עֲרָבָה | steppe. | 808 | שֹׁרֶשׁ | racine. |
| 802 | שָׂדֶה | champ. | 809 | אַלּוֹן | (r. אול ?) chéne. |
| 803 | גַּן | (r. גבן) jardin. | 810 | אֵלָה | térébinthe. |
| 804 | כֶּרֶם | vignoble. | 811 | אֶרֶז | cèdre. |
| 805 | יַעַר | forêt. | 812 | זַיִת | olivier, olive. |
| 806 | עֵץ | (r. עצה) arbre, bois. | 813 | תְּאֵנָה | figuier, figue. |

## c) Culture.

814 זֶרַע semence.

815 עֵשֶׂב herbe.

816 חִטָּה (r. חנט) blé.

817 גֶּפֶן vigne.

818 תְּבוּאָה (r. בוא) récolte, revenu.

819 פְּרִי (r. פרה) fruit.

820 זָרַע il sema.

821 נָטַע il planta.

822 קָצַר il moissonna.

823 רָעָה il fit paître.

# DEUXIÈME PARTIE

## LES MOTS HÉBREUX LES PLUS USUELS

DISPOSÉS PAR ORDRE ALPHABÉTIQUE
AVEC L'INDICATION DE LEUR FORME GRAMMATICALE.

---

אָב *père* (319) 369.

אָבוֹת *pères* (chefs de famille) (728) 369.

אָבַד *il périt* (352) 239-240 a, 241, 205.

אָבָה *il voulut* (606) 239, 240 f, 241, 270-277 D a, 279, 205.

אֶבְיוֹן *pauvre* (663) 332 d, 333ab.

אֶבֶן *pierre* (196) 358 f. qatl.

אָדוֹן *seigneur* (656) 335 a, 336 a.

אֲדֹנָי *Seigneur* (6) 335 a, 336 a.

אָדָם *homme* (284) 346 a, 348.

אֲדָמָה *terre, sol* (161) 346 a, 349.

אֶדֶן *socle, base de colonne* (24) 358 f. qatl.

אָהַב *il aima* (693) 207-216 A, 205.

אֹהֶל *tabernacle, tente* (22,389) 360 f. qutl.

אָוָה *il désira vivement* (605) 207-210, 270-278 a, 279.

אֱוִיל *insensé* (546) 332 a, 333 ab.

אוּלָם *portique, vestibule* (32) 337 e, 339.

אָוֶן *méchanceté* (583) 362 a f. qatl.

אוֹפָן *roue* (756) 337 e, 339 dγ.

אוֹצָר *trésor* (675) 337 a, 339.

אוֹר *lumière* (203) 332a, 333 ab.

אוֹת *signe* (552) 332 a, 333 ab.

אֵזוֹר *ceinture* (381) 332c, 333ab.

אֹזֶן *oreille* (294) 358 f. qutl.

אָח *frère* (324) 369.

אָחוֹר *occident* (153) 335 a, 336 a.

אָחוֹת *sœur* (352) 369.

אָחַז *il saisit, prit possession* (676) 239, 240 b, 241, 212-215.

אֲחֻזָּה *possession* (671) 335 a, 336 d.

אַחֵר *autre* (466) 337 b, 342.

אֲחֵרִים *autres* (466) 346 a, 350.

אַחֲרִית *extrémité, fin* (261) 332 cβ, 333 ab.

אוֹיֵב *ennemi* (691) 337 a, 342.

אַיִל *bélier* (779) 362 b **f. qaṭl.**

אֵיפָה, אֵפָה, *épha* (277) 337 a, 345 e.

אִישׁ *homme* (317) 369.

אָכַל *il mangea* (372) 239, 240 c, 241, 205.

אֵל *Dieu* (1) 332 a, 333 ab.

אֱלֹהִים *Dieu, dieux* (3, 12) 332 a, 333 ab.

אֱלוֹהַּ *Dieu* (2) 332 b, 333 ab.

אֵלָה *térébinthe* (810) 332 a, 333.

אֵלוֹן *chêne* (809) 332 a, 333.

אֱלִיל *idole* (15) 332 b, 333 ab.

אַלְמָנָה *veuve* (334) 337 e, 340.

אֵם *mère* (320) 361 **f. qiṭl.**

אַמָּה *coudée* (274) 361 **f. qaṭl.**

אָמַן cf. הֶאֱמִין

אָמַר *il dit* (562) 239-240 d, 241.

אֱמֶת *fidélité, vérité, foi, confiance* (611) 364 b note.

אֱנוֹשׁ *homme* (285) 332 b, 333 ab.

אָסַף *il réunit* (461) 239, 240 e, 241, 205.

אָסַר *il lia, attacha, tint en prison* (463, 726) 207-210.

אַף *nez, colère* (298, 484) 361 a N.B. 2.

אֵפוֹד *éphod* (61) 332 cα, 333 ab.

אַרְגָּמָן *pourpre écarlate* (28).

אָרוֹן *arche* (42) 332 b, 333 ab.

אֶרֶז *cèdre* (811) 358 **f. qaṭl.**

אֹרַח *chemin* (409) 358 **f. quṭl.**

אֲרִי *lion* (795) 363 **f. qaṭl.**

אַרְיֵה *lion* (795) 337 c, 342.

אֹרֶךְ *longueur* (252) 358 **f. quṭl.**

אֶרֶץ *terre, pays* (160) 358 **f. qaṭl.**

אֵשׁ *feu* (210) 361 **f. qiṭl.**

אִשֶּׁה *sacrifice consumé par le feu* (73) 345 e N. B. 3.

אִשָּׁה *femme* (318) 369.

אָשָׁם *sacrifice pour le délit* (71) 335 a, 336 a.

אֲשֵׁרָה *poteau sacré* (49) 335 a, 336 b.

בָּגַד *il fut déloyal* (598) 164-205.

בֶּגֶד *vêtement* (377) 358 **f. qiṭl.**

בַּדִּים *barres* (45) 361 **f. qaṭl.**

בְּהֵמָה *animal, bétail* (772) 346 a, 351.

בּוֹא *entrer, venir* (419) 256-265, 242-244, 205.

בּוּן, בִּין *comprendre, discerner* (539) 256-268, 205.

בּוֹר *fosse, fond du šeʾôl* (193, 346) 332 a, 333 ab.

בּוֹשׁ *rougir, avoir honte* (632) 256-265, 205.

בָּזַז *il dépouilla, pilla* (501) 228-237, 205.

בָּחַר *il choisit, éprouva* (607) 212-215, 205.

בָּטַח *il se confia* (614) 217-222, 205.

בֶּטֶן *ventre* (313) 358 f. qiṭl.

בֵּין *intervalle de, entre* (262) 332 a, 333 ab.

בַּיִת *maison* (390) 369.

בָּכָה *il pleura* (630) 270-276, 279, 205.

בְּכוֹר *premier-né* (323) 332 b, 333 ab.

בְּלוּלָה *pétrie* (78) 228-237, 205.

בָּלַע *il ruina, détruisit* (508) 217-222, 205.

בָּמָה *haut lieu* (47) 332 a, 333 cd.

בֵּן *fils* (9, 321) 369.

בָּנָה *il construisit* (402) 270-276, 279, 205.

בַּעַל *Baal, maître* (13, 657) 358 f. qaṭl.

בָּעַר *il brûla, incendia* (214) 212-215, 205.

בָּקַע *il fendit, déchira* (474) 217-222, 205.

בָּקָר *troupeau (gros bétail)* (773) 346 a, 348.

בֹּקֶר *matin* (206) 358 f. quṭl.

בִּקֵּשׁ *il chercha, recherca* (520) 164-205.

בָּרָא *il créa* (436) 212-215, 242-244, 205.

בָּרָד *grêle* (151) 346 a, 348.

בַּרְזֶל *fer* (199) 337 e, 342.

בְּרִית *alliance* (451, 737) 363 bε-θ.

בֵּרֵךְ *il bénit* (105) 212-215, 205.

בֶּרֶךְ *genou* (309) 358 f. qiṭl.

בְּרָכָה *bénédiction* (91) 346 a, 349.

בָּרָק *éclair* (144) 346 a, 348.

בָּשָׂר *chair, corps* (286) 346 a, 348.

בִּשֵּׂר *il annonça* (526) 164-205.

בַּת *fille* (322) 369.

בְּתוּלָה *vierge, jeune fille* (331) 335 a, 336 b.

גָּאַל *il racheta* (682) 212-215, 205.

גָּבַהּ *haut, élevé* (263) 346 a, 352 a-c.

גְּבוּל *frontière, territoire* (170) 332 b, 333 ab.

גִּבּוֹר *fort, homme fort, guerrier* (639, 753) 332 cβ, 333 ab.

גְּבוּרָה *puissance, valeur* (635) 332 b, 333 c-d.

גִּבְעָה *colline* (165) 359 f. qiṭl.

גֶּבֶר *homme, époux* (*333*) 358 **f. qaṭl.**

גָּדוֹל *grand* (*231*) 335 a, 336 a.

גָּדַל *il fut grand* (*242*) 164-205.

גּוֹי *peuple étranger* (*735*) 332 a, 333 ab.

גּוֹלָה *exil* (*741*) 337 a, 345 e.

גּוּר *séjourner* (*407*) 256-265, 205.

גּוֹרָל *lot, sort* (*669*) 337 a, 339.

גָּזַל *il dépouilla, vola* (*502*) 164-205.

גַּיְא *vallée* (*169*) 362 b **f. qaṭl.**

גָּלָה *il révéla, découvrit, alla en exil* (*524, 750*) 270-276, 279, 205.

גִּלּוּלִים *idoles* (*17*) 332 cβ, 333 ab.

גָּמָל *chameau* (*775*) 346 a, 348.

גַּן *jardin* (*803*) 361 **f. qaṭl.**

גָּנַב *il déroba, vola* (*600*) 164-205.

גֶּפֶן *vigne* (*817*) 358 **f. qaṭl.**

גֵּר *étranger, hôte* (*731*) 332 a, 333 ab.

גֶּשֶׁם *pluie violente* (*148*) 358 **f. qiṭl.**

דָּבַק *il adhéra* (*459*) 164-205.

דָּבָר *parole* (*560*) 346 a, 348.

דֶּבֶר *peste* (*357*) 358 **f. qaṭl.**

דִּבֶּר, דָּבַר *il parla* (*563*) 164-205.

דְּבַשׁ *miel* (*364*) 364 a **f. qaṭl.**

דָּג, דָּגָה *poisson* (*798*) 365 ab.

דּוֹד *bien-aimé, ami* (*690*) 332 a, 333 ab.

דּוֹר *génération, âge, période* (*222*) 332 a, 333 ab.

דִּין *juger* (*723*) 266-268, 205.

דַּל *pauvre* (*664*) 361 **f. qaṭl.**

דֶּלֶת *porte* (*394*) 363 b N. B. 1.

דָּם *sang* (*289*) 365 a.

דָּמָה *il fut semblable* (*455*) 270-276, 279, 205.

דַּעַת *connaissance, science* (*532*) 365 b.

דֶּרֶךְ *voie* (*408*) 358 **f. qaṭl.**

דָּרַשׁ *il rechercha, eut recours* (*521*) 212-215, 205.

הֶאֱמִין *il affirma, confirma, crut* (*613*) 207-211.

הִבְדִּיל *il sépara* (*475*) 164-205.

הִבִּיט *il regarda, considéra* (*557*) 223-225, 205.

הֶבֶל *idole* (*16*) 358 **f. qaṭl.**

הִגִּיד *il annonça, déclara* (*525*) 223-225, 205.

הִדִּיחַ *il poussa, chassa* (*479*) 223-225, 217-211, 205.

הוֹדָה *il loua, remercia* (*120*) 246-249, 270-277 D b, 279, 205.

הוֹכִיחַ *il jugea, corrigea* (*724*) 246-249, 217-225, 205.

הוֹלִיד *il engendra* (341) 246-249, 205.

הוֹסִיף *il ajouta* (282) 246-249, 205.

הוֹרָה *il instruisit, disciplina* (535) 246-249, 212-216, 270-277 D bβ, 279.

הוֹשִׁיעַ *il délivra* (648) 246-249, 217-221.

הֵחֵל *il commença* (266) 207-210, 227-237.

הֶחֱרִים *il voua à l'anathème* (505) 207-215.

הָיָה *il fut* (349) 278 c.

הֵיכָל *temple, palais* (31, 706) 337 a, 339.

הִכָּה *il frappa* (493) 223-225, 270-277 C g, 279, 205.

הֵכִין *il affermit, établit* (642) 256-265, 205.

הָלַךְ *il alla* (411) 207-210, 250 B, 205.

הִלֵּל *il célébra, loua* (119) 207-210, 227-237.

הָמוֹן *bruit, tumulte* (555) 335 e, 336 a.

הֵנִיף *il agita, balança* (certaines offrandes) (88) 223-225, 256-265, 205.

הֵפִיץ *il dispersa* (480) 256-265, 205.

הָפַךְ *il tourna* (416) 207-210, 205.

הִפְרִיד *il divisa, sépara* (478) 212-215, 205.

הִצִּיל *il enleva, délivra* (652) 223-225.

הִצְלִיחַ *il prospéra, rendit prospère* (667) 217-221.

הִקְטִיר *il fit brûler* (encens) (90) 164-204.

הַר *montagne* (166) 361 f. qaṭl.

הָרַג *il massacra* (353) 207-215, 205.

הָרָה *il conçut* (339) 207-215, 270-277 B ab, 279.

הָרַס *il renversa, détruisit* (509) 207-215.

הֵרַע *il fit du mal, maltraita* (634) 207-215, 228-237.

הִשְׂכִּיל *il fut prudent* (549) 164-205.

הִשְׁחִית *il dévasta, ruina* (506) 212-215, 205.

הִשְׁלִיךְ *il jeta* (442) 164-205.

הִשְׁמִיד *il ruina, dévasta* (507) 164-205.

הִשְׁקָה *il donna à boire* (374) 270-276, 279.

הִשְׁתַּחֲוָה *il s'inclina, se prosterna, adora* (422, 117) 212-215, 270-277 B b, 279.

הִתְיַצֵּב *il se tint debout, se dressa* (432) 245-250, 254 A a, 205.

הִתְפַּלֵּל *il intercéda, supplia* (118) 228-237, 205.

זָבַח *il sacrifia* (86) 217-221, 205.

זֶבַח *sacrifice* (sanglant) (67) 358 f. qiṭl.

זָהָב *or* (197) 346 a, 348.

זַיִת *olivier, olive* (812) 362 b.

זָכַר *il se souvint* (569) 164-205.

זָכָר *mâle* (770) 346 a, 348.

זִמָּה *dessein criminel, crime* (589) 337 c, 340.

זָנָה *il commit la fornication* (601) 270-276, 279.

זָעַק *il cria, appela* (564) 212-215.

זָקָן *barbe* (296) 346 a, 348.

זָקֵן *vieillard* (336) 346 a, 350.

זָר *étranger* (732) 332 a, 333 ab.

זְרוֹעַ *bras* (304) 332 b, 333 ab.

זָרַע *il sema* (820) 212-221.

זֶרַע *semence, postérité* (814, 337) 358 f. **qatl**.

חָבָא cf. נֶחְבָּא.

חֶבֶל *cordeau, portion mesurée, lot* (670) 358 f. **qatl**.

חָבַר *il s'unit, fut joint* (464) 207-211 E, 205.

חַג *fête* (122, 127, 129) 361 f. **qatl**.

חֲגוֹרָה *ceinture* (382) 332 b, 333 c-d.

חָדַל *il cessa* (467) 207-211 D, 205.

חֶדֶר *chambre* (395) 358 f. **qatl**.

חָדָשׁ *nouveau* (235) 346 a, 348.

חֹדֶשׁ *néoménie, mois* (125, 220) 358 f. **qutl**.

חוֹמָה *muraille, mur* (763) 337 a, 345 e.

חוּץ *côté extérieur* (398) 332 a, 333 ab.

חָזָה *il vit* (vision prophétique) (137) 207-210, 270-277 B a, 279.

חֹזֶה *voyant* (131) 337 a, 335 a-d.

חָזוֹן *vision* (prophétique) (133) 335 e, 336 a, e.

חָזַק *il fut fort, domina* (640) 207-210.

חָטָא *il pécha* (597) 207-210, 242-244.

חַטָּאת *péché, sacrifice pour le péché* (585, 70) 337 b, 340 gβ N. B.

חִטָּה *blé* (816) 361 a N. B. 2 f. **qitl**.

חַי *vivant* (347) 361 f. **qatl**.

חָיָה *il vécut* (350) 278 d.

חַיָּה *animal* (collectif), *animal sauvage* (769, 794) 261 f. **qatl**.

חַיִּים *vie* (342) 361 f. **qatl**.

חַיִל *force, biens, armée* (636, 674, 752) 362 b f. **qatl**.

חָכָם *sage* (545) 346 a, 348.

חָכְמָה *sagesse* (541) 359 f. **qutl**.

חָלָב *lait* (365) 346 a, 348.

חֵלֶב *graisse* (72, 366) 358 f. **qitl**.

חָלָה *il fut* ou *devint malade* (360) 207-210, 270-277 B a, 279.

חֲלוֹם *songe* (134) 332 b, 333 ab.

חֳלִי *maladie* (356) 363 b α-δ f. quṭl.

חָלַל *il profana, blessa, transperça* (108, 749) 207-210, 227-237.

חָלָל *profane, tué* (100, 743) 346 a, 348.

חָלַק *il partagea, sépara* (476) 207-210.

חֵלֶק *part, lot* (171) 358 f. qiṭl.

חָמַד *il désira, prit plaisir* (608) 207-210, 205.

חֵמָה *chaleur, fureur* (212, 486) 365 b.

חֲמוֹר *âne* (777) 332 b, 333 ab.

חָמָס *violence* (487) 346 a, 348.

חֵן *bienveillance, faveur* (686) 361 f. qiṭl.

חָנָה *il campa* (767) 207-210, 270-277 B a, 279.

חָנַן *il se montra bienveillant* (694) 207-210, 228-237.

חֶסֶד *bonté, bienveillance* (687) 358 f. qaṭl.

חָסָה *il chercha refuge* (647) 207-210, 270-277 B a, 279.

חָסִיד *pieux* (579) 335 a, 336 a.

חָסֵר *il manqua de* (668) 207-210.

חָפֵץ *il eut de l'inclination, il se complut* (696, 609) 207-210.

חֵפֶץ *désir, bon plaisir* (604) 358 f. qiṭl.

חֵץ *flèche* (761) 361 f. qiṭl.

חֲצִי *milieu, division* (256) 363 b α-δ f. qiṭl.

חָצֵר *parvis, vestibule, cour* (33, 391) 346 a, 350.

חֹק *décret, loi* (710) 361 f. quṭl.

חֻקָּה *décret, loi* (711) 361 f. quṭl.

חָרַב *il fut desséché* (503) 207-215, 205.

חֶרֶב *glaive* (759) 358 f. qaṭl.

חָרַד *il trembla* (617) 207-215, 205.

חָרָה *il brûla, fut enflammé, irrité* (215, 492) 207-215, 270-277 B ab, 279.

חָרוֹן *colère* (485) 335 e, 336 a.

חָרַם cf. הֶחֱרִים.

חֵרֶם *anathème* (496) 358 f. qiṭl.

חֶרְפָּה *opprobre* (623) 337 b, 340.

חָשַׁב *il pensa* (537) 207-211 aβ. 205.

חֹשֶׁךְ *ténèbres* (208) 358 f. quṭl.

חֹשֶׁן *pectoral* (63) 358 f. quṭl.

חָתַת *il fut effrayé* (616) 207-210, 228-237, 205.

טַבַּעַת *anneau* (44) 337 b, 340.

טָהוֹר *pur* (97) 335 a, 336 a.

טָהֵר *il fut pur* (103) 212-215.

טוֹב *bon* (*233, 576*) 332 a, 333 ab.

טַל *rosée* (*149*) 361 f. qaṭl.

טָמֵא *il fut impur* (*109*) 232-244 d.

טָמֵא *impur* (*99*) 346 a, 350.

יְאוֹר *Nil* (*189*) 332 b, 333 ab.

יָבֵשׁ *il fut aride, sec* (*251*) 251-253, 205.

יָד *main* (*305*) 365 a.

יָדָה cf. הוֹדָה.

יָדַע *il connut* (*538*) 246-249, 217-225, 205.

יוֹם *jour* (*128, 204, 226*) 369.

יוֹנָה *colombe* (*792*) 337 a, 345 e.

יוֹנֵק *enfant à la mamelle* (*326*) 337 a, 342.

יָטַב *il fut bon* (*244*) 251-253, 205.

יַיִן *vin* (*370*) 362 b.

יָכַח cf. הוֹכִיחַ.

יָכֹל *il put, fut capable* (*641*) 246-249, 205.

יָלַד *il enfanta* (*340*) 246-249, 205.

יֶלֶד *enfant* (*328*) 358 f. qaṭl.

יָם *mer, occident* (*191, 157*) 361 f. qaṭl.

יָמִין *droite, côté droit* (*306*) 335 a, 336 a.

יָסַד *il posa les fondations* (*403*) 246-249, 254 B, 205.

יָסַף cf. הוֹסִיף.

יָסַר *il corrigea, disciplina* (*551*) 246-249, 254 B, 205.

יָעַץ *il conseilla, avertit* (*550*) 246-249, 212-215.

יַעַר *forêt* (*805*) 358 f. qaṭl.

יָפֶה *beau* (*232*) 346 a, 353 a-f.

יָצָא *il sortit* (*420*) 246-249, 242-244.

יָצַב cf. הִתְיַצֵּב.

יָצַר *il fabriqua, façonna* (*435*) 251-253, 254 A b.

יָקָר *précieux* (*201*) 346 a, 348.

יָרֵא *il craignit* (*615*) 246-249, 212-215, 242-244.

יָרֵא *craignant* (*581*) 346 a, 350.

יִרְאָה *crainte* (*612*) 359 f. qiṭl.

יָרַד *il descendit* (*415*) 246-249, 212-215, 205.

יַרְדֵּן *Jourdain* (*188*) 337 e, 342.

יָרָה *il jeta* (*443*) 246-249, 212-215, 270-277 D bβ, 279.

יָרֵחַ *lune* (*140*) 346 a, 350.

יְרִיעָה *rideau, tenture* (*26*) 332 b, 333 cd.

יָרַשׁ *il prit possession, hérita* (*681*) 246-249, 212-215.

יָשַׁב *il s'assit, habita* (*446, 405*) 246-249, 205.

יָשַׁע cf. הוֹשִׁיעַ.

יְשׁוּעָה *délivrance, salut* (*645*) 332 b, 333 cd.

יָשָׁר *droit, juste* (*575*) 346 a, 348.

יָתוֹם  *orphelin* (335) 335a, 336a.

יָתַר  cf. נוֹתַר.

וֶיֶתֶר  *reste* (499) 358 f. **qiṭl**.

כָּבֵד  *il fut pesant, honoré* (248, 718) 164-205.

כָּבוֹד  *gloire* (708) 335 a, 336.

כִּבֵּס  *il lava, purifia* (111) 164-205.

כֶּבֶשׂ  *agneau* (778) 358 f. **qaṭl**.

כֹּהֵן  *prêtre* (53, 54) 337 a  342.

כּוֹכָב  *étoile* (141) 337 a, 339.

כּוּן  cf. הֵכִין.

כֹּחַ  *force* (637) 332 a, 333 ab.

כִּכָּר  *poids, talent* (275) 337 b, 339.

כֹּל  *totalité, tout* (270) 361 f. **quṭl**.

כָּלָה  *il acheva, consomma* (437) 270-276, 279, 205.

כְּלִי  *instrument* (426) 369.

כְּלָיוֹת  *reins* (315) 363 b ε-θ f. **qiṭl**.

כֻּלָּם  cf. נִכְלָם.

כָּנָף  *aile* (790) 346 a, 348.

כִּסֵּא  *siège, trône* (400, 707) 337 b, 342.

כִּסָּה  *il couvrit, cacha* (515) 270-276, 279, 205.

כְּסִיל  *sot, insensé* (548) 332 b, 333 ab.

כֶּסֶף  *argent* (198) 358 f. **qaṭl**.

כָּעַס  *il fut ému, indigné* (491) 212-215, 205.

כַּף  *creux de la main, main* (308) 361 f. **qaṭl**.

כְּפִיר  *jeune lion* (796) 332 b, 333 ab.

כִּפֶּר  *il effaça, purifia* (110) 164-205.

כִּפֻּרִים  *Expiations* (128) 332 cβ, 333 ab.

כַּפֹּרֶת  *propitiatoire* (43) 332 cβ, 333 cd.

כְּרוּבִים  *chérubins* (46) 332 b, 333 ab.

כֶּרֶם  *vignoble* (804) 358 f. **qaṭl**.

כָּרַת  *il coupa, il conclut une alliance* (471, 460) 212-215, 205.

כָּשַׁל  *il chancela* (644) 164-205.

כָּתַב  *il écrivit* (540) 164-205.

כָּתֹנֶת  *tunique* (66) 364 c.

כָּתֵף  *épaule* (303) 346 a, 350.

לֵב  *cœur* (311) 361 f. **qiṭl**.

לֵבָב  *cœur* (311) 346 a, 348.

לְבוּשׁ  *vêtement* (378) 332 b, 333 ab.

לָבָן  *blanc* (237) 346 a, 348.

לְבָנוֹן  *Liban* (167) 335 b, 336 a.

לָבַשׁ  *il fut revêtu, habilla* (385) 164-205.

לַהַב  *flamme* (211) 358 f. **qaṭl**.

לֶהָבָה  *flamme* (211) 337 b, 340-341.

לוּחַ  *tablette* (529) 332 a, 333 ab.

לֵוִי  *lévite* (55) 354.

לוּן, לִין  *passer la nuit, demeu-rer* (213, 404) 256-358.

לָחַם  cf. נִלְחַם.

לֶחֶם  *pain, nourriture* (37, 363) 358 f. qaṭl.

לַיִל, לַיְלָה  *nuit* (209) 362 b.

לָכַד  *il captura* (748) 164-205.

לָמַד  *il apprit* (536) 164-205.

לִמֵּד  *il instruisit* (534) 164-205.

לָקַח  *il prit* (678) 226 C, 217-221.

לָשׁוֹן  *langue* (301) 335 a, 336 a.

מַאֲכָל  *nourriture* (362) 337 d, 339.

מָאַס  *il rejeta, méprisa* (483) 212-216 D.

מִגְדָּל  *tour* (765) 337 d, 339.

מָגוֹר  *habitation* (388) 335 d, 336 a.

מָגֵן  *bouclier* (758) 346 b, 355.

מִגְרָשׁ  *banlieue* (173) 337 d, 339.

מִדְבָּר  *lieu de pâturage, désert* 800) 337 d, 339.

מָדַד  *il mesura* (281) 228-235, 205.

מִדָּה  *mesure* (272) 361 f. qiṭl.

מִהַר  *il hâta, se hâta* (412) 212-215.

מוּל  *circoncire* (102) 256-265.

מוּסָר  *discipline morale, édu-cation* (543) 337 d, 339.

מוֹעֵד  *temps déterminé, réu-nion fixée, fête, solen-nité* (123, 219, 453) 337 d, 342.

מָוֶת  *mort* (343) 362 a f. qaṭl.

מוּת  *mourir* (351) 256-265, 205.

מִזְבֵּחַ  *autel* (34) 337 d, 342 aβ.

מִזְמוֹר  *psaume* (116) 337 d, 344.

מִזְרָח  *orient* (156) 337 d, 339.

מִזְרָק  *coupe, bassin* (80) 337 d, 339.

מַחֲנֶה  *campement* (757) 337 d, 345.

מָחָר  *demain* (228) 346 a, 348.

מַטֶּה  *bâton, tribu* (488, 730) 337 d, 345.

מִטָּה  *lit* (399) 337 d, 345.

מָטָר  *pluie* (147) 346 a, 348.

מַיִם  *eaux* (184) 369.

מָכַר  *il vendit* (684) 164-205.

מִכְתָּב  *écrit* (530) 337 d, 339.

מָלֵא  *il remplit* (283) 242-244.

מַלְאָךְ  *ange, messager, envoyé* (10, 738) 337 d, 339.

מְלָאכָה  *travail, œuvre* (424) 337 d, 340.

מִלְחָמָה  *combat, guerre* (739) 337 d, 340.

מָלַט  cf. נִמְלַט.

מָלַךְ  *il devint roi, régna* (719) 164-205.

מֶלֶךְ *roi* (701) 358 f. qaṭl.

מֹלֶךְ *Moloch* (14) 358 f. quṭl.

מַלְכָּה *reine* (705) 359 f. qaṭl.

מַלְכוּת *royauté* (699) 366 a.

מַמְלָכָה *royaume, souveraineté* (700) 337 d, 340.

מָנָה *il compta, assigna* (280) 270-276, 279.

מְנוֹרָה *chandelier* (39) 335 d, 336 b.

מִנְחָה *sacrifice, oblation* (75) 359 f. qiṭl.

מַסֵּכָה *statue en métal* (50) 337 d, 343.

מִסְפָּר *nombre* (267) 337 d, 339.

מְעַט *un peu, petit nombre* (268) 364 f. qaṭl.

מְעִיל *robe, vêtement, manteau* (65) 332 b, 333 ab.

מֵעִים *entrailles* (314) 354.

מָעַל *il fut déloyal* (599) 212-216.

מַעֲשֶׂה *action, œuvre* (425) 337 d, 345.

מָצָא *il trouva* (522) 242-244.

מַצֵּבָה *pilier sacré* (48) 337 d, 343 Rem.

מַצָּה *pain sans levain* (77) 361 f. qaṭl.

מִצְוָה *commandement, précepte* (712) 337 d, 345.

מִצְנֶפֶת *tiare* (64) 337 d, 340 a.

מִצְרַיִם *Égypte, Égyptiens* (177) 366 a.

מִקְדָּשׁ *sanctuaire* (20) 337 d, 339.

מָקוֹם *lieu* (386) 335 d, 336 a.

מִקְנֶה *richesse* (en troupeaux) (673) 337 d, 345.

מַר *amer* (240) 361 f. qaṭl.

מַרְאֶה *vue, apparence* (553) 337 d, 345.

מָרָה *il se montra rebelle* (744) 212-216, 270-277 B b, 279.

מָרוֹם *hauteur* (254) 335 d, 336 a.

מִרְמָה *fraude* (591) 337 d, 345 e.

מַשָּׂא *oracle prophétique, fardeau, charge* (136, 427) 337 d, 339.

מָשַׁח *il oignit* (112) 217-221.

מִשְׁכָּן *tente, tabernacle, habitation* (21, 387) 337 d, 339.

מָשַׁל *il gouverna, eut autorité* (720) 164-204.

מָשָׁל *proverbe, parabole* (544) 346 a, 348.

מִשְׁמֶרֶת *garde, veille* (766) 337 d, 340.

מִשְׁפָּחָה *famille* (338) 337 d, 340.

מִשְׁפָּט *jugement, prescription, coutume, justice, rectitude* (714, 573) 337 d, 339.

מְשֹׁרְרִים *chantres* (57) 337 d, 342.

מְשָׁרְתִים *ministres* (du sanctuaire) (59) 337 d, 342.

מִשְׁתֶּה *festin, boisson* (369) 337 d, 345.

מֵת *mort, défunt* (348) 332 a, 333 ab.

מָתוֹק *doux* (236) 335 a, 336 a.

מָתְנַיִם *reins* (316) 358 f. qutl.

נְאֻם *oracle* (135) 332b, 333ab.

נָאַף *adultère* (593) 337 a, 342.

נָבִיא *prophète* (130) 335a, 336a.

נָבַט cf. הִבִּיט.

נָבָל *insensé* (547) 346 a, 348.

נֶגֶב *sud* (158) 358 f. qatl.

נָגַד cf. הִגִּיד.

נָגִיד *prince, chef* (703) 335 a, 336 a.

נָגַע *il frappa, toucha* (494) 223-225, 217-221, 205.

נֶגַע *plaie, coup* (490) 358 f. qitl.

נָגַשׁ *il approcha* (458) 223-225, 205.

נָדַב *il agit spontanément* (610) 223-225, 205.

נָדַח cf. הִדִּיחַ.

נָדַר *il fit un vœu* (107) 223-225, 205.

נֶדֶר *vœu* (95) 358 f. qitl.

נָהָר *fleuve* (187, 190) 346 a, 348 dβγγ.

נוּחַ *se reposer* (448) 223-225, 256-265, 217-221.

נוּס *fuir, s'enfuir* (746) 223-225, 256-265.

הֵנִיף cf. הֵנִיף.

נוֹתַר *il fut de reste* (512) 245-250, 205.

נֶזֶם *anneau* (ornement) (383) 358 f. qitl.

נֵזֶר *consécration* (93) 358 f. qitl.

נֶחְבָּא *il se cacha* (517) 207-210, 242-244, 205.

נַחַל *torrent* (186) 358 f. qatl.

נָחַל *il prit possession, hérita* (679) 223-225, 212-215.

נַחֲלָה *propriété, héritage* (672) 359 f. qatl.

נִחַם *il fut triste, ému* (628) 223-225, 212-215.

נִחַם *il consola* (629) 223-225, 212-215.

נָחָשׁ *serpent* (797) 335 a, 336 a.

נְחֹשֶׁת *bronze, airain* (200) 364c.

נָטָה *il tendit, inclina* (445) 223-225, 270-277 C a-f, 279.

נָטַע *il planta* (821) 223-225, 217-221.

נִיחֹחַ *agréable* (odeur) (82) 332 a, 333 ab.

נָכָה cf. הִכָּה.

נִכְלַם *il fut couvert de confusion* (633) 164-205.

נֵכָר *étranger* (733) 346 a, 348.

נָכְרִי *étranger* (734) 366 a.

נִלְחַם *il engagea le combat* (745) 212-215.

נִמְלַט *il s'enfuit* (651) 164-204.

נָסַךְ *il répandit* (une libation), *il fit fondre* (un métal) (89, 202) 223-225, 205.

נֶסֶךְ *libation* (79) 358 f. qiṭl.

נָסַע *il partit, décampa* (410, 768) 223-225, 217-221.

נְעוּרִים *jeunesse* (332) 332 b, 333 ab.

נַעַל *chaussure* (384) 358 f. qaṭl.

נַעַר *jeune homme, serviteur* (329, 658) 358 f. qaṭl.

נַעֲרָה *jeune fille* (330) 359 f. qaṭl.

נָפַל *il tomba* (423) 223-225, 205.

נִפְלָא *il fut extraordinaire, admirable* (247) 242-244, 205.

נֶפֶשׁ *âme* (288) 358 f. qaṭl.

נִצַּב *il se tint debout, fut placé* (431) 223-225, 205.

נָצַל cf. הִצִּיל.

נָצַר *il garda* (518) 223-225.

נְקֵבָה *femelle* (771) 346 a, 351.

נִקָּה *il fut innocent, impuni* (582) 223-225, 270-277 C, 279.

נָקִי *pur, innocent* (578) 354.

נָקַם *il vengea* (650) 223-225.

נֵר *lampe* (38) 332 a, 333 ab.

נִרְדַּם *il s'endormit profondément* (450) 207-210, 205.

נָשָׂא *il leva, éleva* (441) 223-225, 242-244 c.

נָשִׂיא *prince* (702) 335 a, 336 a.

נִשְׁאַר *il resta* (511) 212-215.

נִשְׁבַּע *il jura* (106) 217-221, 205.

נֶשֶׁר *aigle* (791) 358 f. qiṭl.

נְתִינִים *Nathinéens* (58) 335 a, 336 a.

נָתַן *il donna* (685) 223-226 E, 205.

נָתַץ *il détruisit* (510) 223-225, 205.

סָבַב *il entoura* (513) 228-237, 205.

סָבִיב *alentours* (174) 335 a, 336 a.

סָגַר *il ferma, enferma* (514) 164-205.

סוּס *cheval* (776) 332 a, 333 ab.

סוּר *se retirer* (469) 256-265.

סֻכּוֹת *Tabernacles* (129) 361 f. quṭl.

סָלַח *il pardonna* (602) 217-222 A.

סֶלַע *rocher escarpé* (164) 358 f. qaṭl.

סֹלֶת *fleur de farine* (76) 358 f. quṭl.

סָפַד *il pleura, se lamenta* (631) 164-205.

סָפַר *il compta* (279) 164-205.

סִפֵּר *il raconta* (568) 164-205.

סֵ֫פֶר *livre* (531) 358 f. qiṭl.

סֹפֵר *scribe* (528) 337 a, 342.

סָתַר *il cacha* (516) 164-205.

עָבַד *il travailla, servit* (662) 207-211 E, 205.

עֶ֫בֶד *serviteur, esclave* (659) 358 f. qiṭl.

עֲבוֹדָה *travail, service* (661) 332 b, 333 cd.

עָבַר *il traversa, passa au delà* (418) 207-211 C a.

עֵ֫בֶר *région opposée* (175) 358 f. qiṭl.

עֵ֫גֶל *veau* (783) 358 f. qiṭl.

עֵד *témoignage, témoin* (716) 332 a, 333 ab.

עֵדָה *assemblée* (452) 365 b.

עֵדוּת *témoignage* (717) 366 b.

עָ֫וֶל, עַוְלָה *injustice* (590) 362 a f. qaṭl.

עוֹלָה *holocauste* (68) 337 a, 345.

עוֹלֵל *petit enfant* (327) 337 c, 342.

עוֹלָם *longue durée, éternité* (224) 337 a, 339.

עָוֹן *iniquité, faute* (586) 335 e, 336 a.

עוֹף *oiseau* (collectif) (788) 332 a, 333 ab.

עוּף *voler* (oiseau) (793) 207-210, 256-265, 205.

עִוֵּר *aveugle* (359) 337 b, 339.

עוֹר *peau* (291) 332 a, 333 ab.

עוּר *s'éveiller* (428) 207-210, 256-265.

עֵז *chèvre* (780) 361 a N. B. 2.

עֹז *force* (638) 361 f. quṭl.

עָזַב *il abandonna, laissa* (482) 207-210, 205.

עָזַר *il aida, porta secours* (649) 207-211 A aβ.

עַ֫יִן *source, œil* (185, 297) 362 b f. qaṭl.

עִיר *ville* (172) 332 a, 334 Rem. 2.

עֹל *joug* (787) 361 f. quṭl.

עָלָה *il monta* (414) 207-211 D, 270-277 B a, 279.

עֲלִיָּה *chambre haute* (396) 354.

עֶלְיוֹן *Très-Haut* (7) 332 d, 333 ab.

עַם *peuple* (727) 361 f. qaṭl.

עָמַד *il se tint debout* (430) 207-210, 205.

עַמּוּד *colonne, pilier* (23) 332 cβ, 333 ab.

עָמֹק *profond* (264) 346 a, 352 a-c.

עֵ֫מֶק *vallée* (168) 358 f. qiṭl.

עָנָה *il répondit; il fut affligé* (567, 627) 207-210, 270-277 B a, 279.

עָנִי *affligé, pauvre, humble* (624, 665) 354.

עֳנִי *affliction* (619) 363 b α-δ.

עָנָן *nuage* (143) 346 a, 348.

עָפָר *poussière* (162) 346 a, 348.

עֵץ *arbre, bois* (806) 365 a.

עֵצָה *conseil* (542) 365 b.

עֶצֶם *os, ossements* (290) 358 f. qaṭl.

עֶרֶב *soir* (205) 358 f. qaṭl.

עֲרָבָה *steppe* (801) 346 a, 349.

עָרַךְ *il disposa avec ordre* (438) 207-215, 205.

עָרֵל *incirconcis* (101) 346 a, 350.

עֵשֶׂב *herbe* (815) 358 f. qiṭl.

עָשָׂה *il fit* (433) 207-210, 270-277 B a, 279.

עָשַׁק *il opprima, vexa* (655) 207-210.

עָשַׁר *il fut* ou *devint riche* (666) 207-210.

עַשְׁתֹּרֶת *Astarté* (19).

עֵת *temps* (218) 361 a N.B. 2.

עַתּוּד *bouc* (782) 332 cβ. 333 ab.

פֵּאָה *côté, angle* (397) 346 a. 353 g-i.

פָּדָה *il racheta* (683) 270-276. 279, 205.

פֶּה *bouche* (299) 369.

פּוּץ cf. הֵפִיץ.

פֶּלֶא cf. נִפְלָא.

פִּלֵּט *il délivra* (653) 164-205.

פָּלַל cf. הִתְפַּלֵּל.

פָּנָה *il tourna, se tourna* (417) 270-276, 279, 205.

פָּנִים *face* (37, 295) 346 a, 353 a-f.

פֶּסַח *Pâque* (126) 358 f. qaṭl.

פֶּסֶל *image sculptée* (51) 358 f. qiṭl.

פָּעַל *il fit* (434) 212-215, 205.

פַּעַם *fois* (271) 358 f. qaṭl.

פָּקַד *il observa* (558) 164-205.

פַּר *taureau* (784) 361 f. qaṭl.

פָּרַד cf. הִפְרִיד.

פְּרִי *fruit* (819) 363 b α-δ.

פָּרֹכֶת *voile* (40) 332 cβ, 333 cd.

פָּרַץ *il sépara, brisa* (477) 212-215, 205.

פָּרַשׂ *il éparpilla, déploya* (481) 212-215, 205.

פָּרָשׁ *cavalier* (754) 337 a, 339.

פֶּשַׁע *transgression, péché* (587) 358 f. qiṭl.

פָּתַח *il ouvrit* (523) 217-222, 205.

פֶּתַח *porte, ouverture* (393) 358 f. qiṭl.

צֹאן *troupeau* (petit bétail) (774) 332 a, 333 ab, 334.

צָבָא *armée* (5, 751) 346 a, 348.

צַדִּיק *juste* (574) 332 cβ, 333 ab.

צֶדֶק *justice* (571) 358 f. qiṭl.

צְדָקָה *justice* (572) 346 a, 349.

צִוָּה *il décréta, ordonna* (721) 270-277 D c, 279.

צוֹם *jeûne* (96) 332 a, 333 ab.

צוּר *rocher* (163) 332 a, 333 ab.

צֵל *ombre* (207) 361 f. qiṭl.

צָלַח cf. הִצְלִיחַ.

צָמֵא *soif* (368) 335 a, 336 a.

צָעַק *il cria, appela* (564) 212-215.

צָפוֹן *nord* (159) 335 a, 336 a.

צִפּוֹר *oiseau* (789) 337b, 344a-d.

צַר *étroit, resserré, opprimé, angoissé, adversaire, ennemi* (241, 646, 692) 361 f. qaṭl.

צָרָה *angoisse* (622) 361 f. qaṭl.

צָרַעַת *lèpre* (358) 337 a, 340.

צָרַר *il opprima, pressa* (654) 212-215, 228-237.

קָבַץ *il réunit, rassembla* (462) 164-205.

קָבַר *il ensevelit* (355) 164-205.

קֶבֶר *tombeau* (344) 358 f. qiṭl.

קָדוֹשׁ *saint* (98, 580) 335 a, 336 a.

קֶדֶם *orient, antiquité* (152, 223) 358 f. qaṭl.

קָדַשׁ *il fut saint* (104) 164-205.

קֹדֶשׁ *sainteté, sanctuaire* (94, 35, 41) 358 f. quṭl.

קָהָל *assemblée* (454) 346 a, 348.

קוֹל *bruit, voix, tonnerre* (554, 145, 146) 332 a, 333 ab.

קוּם *se lever* (429) 256-265.

קָטוֹן *petit* (238) 346 a, 348 bβ, 352 a-c.

קָטַר cf. הִקְטִיר.

קְטֹרֶת *encens* (81) 364 c.

קִיר *mur* (764) 332 a, 333 ab.

קָלַל *il fut léger* (250) 228-237.

קָנָה *il acquit* (680) 270-276, 279.

קָנֶה *roseau* (mesure), *tige, branche* (273, 807) 346 a, 353 a-f.

קֵץ *fin* (259) 361 f. qiṭl.

קָצֶה *extrémité, fin* (260) 346 a, 353 a-f.

קָצַר *il moissonna* (822) 164-204.

קָרָא *il appela, lut; il rencontra, alla au-devant* (565, 456) 212-215, 242-244.

קָרַב *il approcha* (457) 212-215, 205.

קֶרֶב *milieu, intérieur* (258) 358 f. qiṭl.

קָרְבָּן *oblation, offrande* (83) 337 c, 339.

קָרָה *il rencontra, alla au-devant* (456) 212-215, 270-277 B b, 279.

קֶרֶן *corne* (786) 358 f. qaṭl.

קָרַע *il déchira* (473) 212-221.

קֶרֶשׁ *planche* (25) 358 f. qaṭl.

קָשָׁה *il fut dur* (249) 270-276, 279.

קֶשֶׁת *arc* (760) 365 b.

רָאָה *il vit* (556) 207-215, 270-277 B ab, 279.

רֹאֶה *voyant* (132) 337 a, 345.

רֹאשׁ *téte* (292) 369.

רֵאשִׁית *commencement* (255) 332 cα, 333 ab.

רֹב *multitude* (269) 361 f. quṭl.

רָבָה *il fut ou devint nombreux* (278) 207-210, 270-277 B a, 279, 205.

רֶגֶל *pied* (310) 358 f. qaṭl.

רָדַף *il poursuivit* (747) 207-210, 205.

רוּחַ *vent, esprit de vie, souffle* (142, 287) 332 a, 333 ab.

רוּם *étre haut, élevé* (265) 207-210, 256-265.

רוּץ *courir* (413) 207-210, 256-265.

רָחַב *il fut large, spacieux* (243) 207-215, 205.

רֹחַב *largeur* (253) 358 f. quṭl.

רַחַם, רֶחֶם *sein maternel* (312) 358 f. qaṭl.

רִחַם *il aima, eut de la compassion* (697) 207-215.

רָחַץ *il lava* (195) 207-215.

רָחַק *il fut ou devint éloigné* (470) 207-216 C.

רִיב *disputer, contester* (725) 207-210, 266-268, 205.

רִיב *contestation, procès* (715 332 a, 333 ab.

רֵיחַ *odeur* (82) 332 a, 333 ab.

רֶכֶב *char* (755) 358 f. qiṭl.

רִמּוֹן *grenade* (62) 332 d, 333 ab.

רֶמֶשׂ *reptile* (799) 358 f. qaṭl.

רָנַן *il poussa des cris de joie* (626) 207-210, 228-237.

רַע *mauvais, méchant, malheur, mal* (moral et physique) (239, 594, 620, 584) 361 f. qaṭl.

רֵעַ *compagnon, ami* (689) 361 f. qiṭl.

רָעָב *famine* (495) 346 a, 348.

רָעָה *il fit paître* (823) 207-215, 270-277 B ab, 279.

רָעָה *malice, misère, détresse* (588, 621) 361 f. qaṭl.

רָעַע *il fut mauvais* (596) 207-215, 228-237.

רָפָא *il guérit, porta remède* (361) 207-210, 242-244, 205.

רָצָה *il accueillit avec plaisir, aima* (695) 207-210, 270-277 B a, 279.

רָצוֹן *faveur, bienfait* (688) 335 e, 336 a.

רָשָׁע *mauvais, criminel* (595) 346 a, 348.

שָׂבַע *il fut rassasié* (376) 217-221, 205.

שָׂדֶה *champ* (802) 346 a, 353 a-f.

שׂוּם,שִׂים *placer* (439) 256-268.

שָׂטָן *Satan* (11) 346 a, 348.

שְׂמֹאל *gauche, côté gauche, nord* (307, 155) 332 b, 333 ab.

שָׂמֵחַ *il se réjouit* (625) 217-221.

שִׂמְחָה *joie* (618) 359 f. qiṭl.

שִׂמְלָה *manteau* (379) 359 f. qiṭl.

שָׂנֵא *il haït* (698) 242-244.

שָׂעִיר *bouc* (781) 335 a, 336 a.

שֵׂעָר *cheveux* (293) 346 a, 348.

שָׂפָה *lèvre, bord* (300, 192) 365 b.

שַׂר *chef, prince* (704) 361 f. qaṭl.

שָׂרַף *il brûla* (216) 212-215, 205.

שְׁאוֹל *šeʾôl* (345) 332 b, 333 ab.

שָׁאַל *il demanda, s'informa* (566) 212-216 A, D.

שָׁאַר cf. נִשְׁאַר.

שְׁאֵרִית *reste* (500) 332 cα, 333 ab.

שָׁבוּעַ *semaine* (127) 335 a, 336 bc.

שְׁבוּעָה *serment* (92) 335 a, 336 bc.

שֵׁבֶט *bâton, verge, sceptre, tribu* (489, 709, 729) 358 f. quṭl.

שְׁבִי *captivité* (742) 363 b α-d.

שָׁבַע cf. נִשְׁבַּע.

שָׁבַר *il brisa* (472) 164-205.

שָׁבַת *il cessa, se reposa* (468, 447) 164-205.

שַׁבָּת *sabbat* (124) 337 b, 339.

שַׁדַּי *Tout-Puissant* (8).

שׁוּב *revenir* (421) 256-265, 205.

שׁוֹפָר *trompette* (762) 337 a, 339.

שׁוֹר *bœuf* (785) 332 a, 333 ab, 334.

שׁוּת, שִׁית *placer* (440) 256-268, 205.

שָׁחָה cf. הִשְׁתַּחֲוָה.

שָׁחַט *il égorgea, immola, tua* (87, 354) 212-215.

שָׁחַת cf. הִשְׁחִית.

שִׁיר *chanter* (121) 266-268.

שִׁיר *cantique, chant* (115) 332 a, 332 ab.

שָׁכַב *il coucha, se coucha* 449) 164-205.

שָׁכַח *il oublia* (570) 217-221, 205.

שָׁכַן *il habita, demeura* (406) 164-205.

שָׁכַר *il but à satiété* (375) 164-205.

שֵׁכָר *liqueur* (371) 332 cα, 333 ab.

שֶׁלֶג *neige* (150) 358 f. qaṭl.

שָׁלוֹם *état parfait, solidité, paix* (230, 736) 335 a, 336 a.

שָׁלַח *il envoya* (444) 217-222 A.

שֻׁלְחָן *table* (36, 401) 337 e, 339.

שָׁלָל *butin* (740) 346 a, 348.

שִׁלֵּם *il mit en parfait état* (245) 164-204.

שֶׁלֶם *sacrifice pacifique* (69) 358 f. qaṭl.

שֵׁם *nom* (561) 365 a.

שָׁמַד cf. הִשְׁמִיד.

שָׁמַיִם *cieux* (138) 354.

שָׁמֵם *il fut dévasté, désolé, stupéfait* (504) 228-237.

שְׁמָמָה *dévastation* (498) 346 a, 349.

שֶׁמֶן *graisse, huile* (367) 358 f. qaṭl.

שָׁמַע *il entendit* (559) 217-221.

שָׁמַר *il garda* (519) 164-204.

שֶׁמֶשׁ *soleil* (139) 358 f. qaṭl.

שֵׁן *dent* (302) 361 f. qiṭl.

שָׁנָה *année* (221) 346 a, 353 g-i.

שַׁעַר *porte* (392) 358 f. qaṭl.

שֹׁעֲרִים *portiers* (56) 337 a, 342.

שִׁפְחָה *servante* (660) 359 f. qiṭl.

שָׁפַט *il jugea* (722) 164-205.

שָׁפַךְ *il versa, répandit* (194) 164-205.

שָׁפֵל *il fut abaissé, humilié* (643) 164-205.

שָׁקָה cf. הִשְׁקָה.

שִׁקּוּצִים *idoles* (18) 332 cβ, 333 ab.

שֶׁקֶל *sicle* (276) 358 f. qiṭl.

שֶׁקֶר *mensonge* (592) 358 f. qiṭl.

שֹׁרֶשׁ *racine* (808) 358 f. quṭl.

שֵׁרֵת *il servit* (culte) (60) 212-215, 205.

שֵׁשׁ *lin très fin* (30) 332 a, 333 ab.

שָׁתָה *il but* (373) 270-276, 279, 205.

תַּאֲוָה *désir* (603) 337 d, 345.

תְּאֵנָה *figuier, figue* (813) 332 b, 333 cd.

תְּבוּאָה *récolte, revenu* (818) 335 d, 336 bc.

תְּבוּנָה *intelligence* (acte et faculté) (527) 335 d, 336 bc.

תְּהִלָּה *louange, hymne* (114) 346 b, 355 b.

תּוֹדָה *sacrifice d'action de grâces* (85) 337 d, 345 e.

תָּוֶךְ *milieu* (257) 362 a f. qaṭl.

תּוֹלַעַת *cramoisi* (29) 337 a, 340.

תּוֹעֵבָה *abomination* (497) 337 a, 343.

תּוֹרָה *loi* (533, 713) 337 d, 345e.

תֵּימָן *sud, midi* (154) 332 cα, 333 ab.

תְּכֵלֶת *pourpre violette* (27) 364 b f. qiṭl.

תָּם *intègre* (577) 361 f. qaṭl.

תְּמוֹל *hier* (227) 332 b, 333 ab.

תָּמִיד *perpétuité* (225) 335 a, 336 a.

תָּמִים *parfait, achevé* (234) 335 a, 336 a.

תָּמַם *il fut parfait, achevé* (246) 228-237, 205.

תְּנוּפָה *balancement* (de certaines offrandes) (74) 335 d, 336 bc.

תִּפְאֶרֶת *ornement* (380) 337 d, 340.

תְּפִלָּה *prière, intercession* (113) 346 b, 355 b.

תָּפַשׂ *il saisit* (677) 164-205.

תָּקַע *il fixa, piqua, enfonça* (465) 217-221, 205.

תְּרוּמָה *contribution, offrande* (84) 335 d, 336 bc.

תְּרָפִים *teraphim* (statues) (52) 346 a, 348.